E-COMMERCE LIVE STREAM

IN RURAL CHINA

农村电商直播
实战教程

林莉　张昌元　杜鹏　◎主编

北京大学出版社
PEKING UNIVERSITY PRESS

内容简介

全书分为五个章节，分别从农村电商直播概述、电商直播策划怎么做、电商直播带货秘诀、直播流程方案以及直播数据复盘及产品维护进行讲述。针对农村电商直播中的痛点问题，通过对农村电商直播行业发展的政策、机遇与挑战的分析，帮助农村电商直播从业者认清行业发展前景，了解电商直播策划，掌握直播带货秘诀，更好地带动农产品实现“走出去”，更好地打造电商品牌，助力乡村振兴，实现共同富裕。

本书可读性强，语言通俗易懂，图文并茂，案例翔实，是面向农村电商从业者的教材，能够满足农村地区电商直播人群的阅读需求。

本书既服务于农村电商直播从业者，又服务于在乡村振兴一线工作的管理者，能够提升农村电商直播从业者的关键技能。

图书在版编目 (CIP) 数据

农村电商直播实战教程 / 林莉，张昌元，杜鹏主编．—北京：北京大学出版社，2023.1
ISBN 978-7-301-33615-1

Ⅰ．①农…　Ⅱ．①林…②张…③杜…　Ⅲ．①农村—电子商务—网络营销—教材
Ⅳ．① F713.365.2

中国版本图书馆 CIP 数据核字 (2022) 第 222371 号

书　　名	农村电商直播实战教程 NONGCUN DIANSHANG ZHIBO SHIZHAN JIAOCHENG
著作责任者	林　莉　张昌元　杜　鹏　主编
策划编辑	王显超
责任编辑	张　越　李娉婷
标准书号	ISBN 978-7-301-33615-1
出版发行	北京大学出版社
地　　址	北京市海淀区成府路 205 号　100871
网　　址	http://www.pup.cn　　新浪微博：@ 北京大学出版社
电子信箱	pup_6@163.com
电　　话	邮购部 010-62752015　　发行部 010-62750672　　编辑部 010-62750667
印 刷 者	北京宏伟双华印刷有限公司
经 销 者	新华书店 880 毫米 ×1230 毫米　32 开本　6 印张　164 千字 2023 年 1 月第 1 版　2023 年 1 月第 1 次印刷
定　　价	25.00 元

农村电商直播实战教程

主　编： 林　莉　张昌元　杜　鹏

副主编： 刘炀渟　何林锴　胡仲成　李　凯　张旭东

参　编： 郭玉秀　张含梅　张馨艺　李锦韬　何　清
姚志森　胡怡然　刘　苗

前　言

互联网技术的快速发展，打破了时间和空间的界限，给生活带来了巨大的变化。近年来，电商直播行业的兴起，更是全方位地影响着我们的生活。随着越来越多的个人、平台及品牌进入这一领域，“直播带货”也成为商业发展的新抓手。2020 年，新冠肺炎疫情肆虐，各类线下销售遇到了前所未有的挑战。在这样的背景下，一场“万物皆可直播”的大戏拉开帷幕。从土特产、美妆、食品、服饰、鞋包，到汽车、房产，电商直播成为推动经济发展的新潮流，直播间成为带动农村家庭经济发展的主战场，直播带货成为后疫情时代推动经济复苏、乡村振兴的重要方式之一。

本书编写团队有长期奋战在精准扶贫、乡村振兴一线的同志，也有熟悉新农村建设政策的教师，还有播音主持、广播电视编导、新媒体运营等方面的专家。正是在长期实践中发现了农村直播带货的优势和劣势，我们经过两年筹划，编写这本实用性强的科普读物。

当前，5G 技术的出现和发展及移动端设备大范围的普及，为直播带货这一商业模式提供了技术基础。随着经济的发展和消费水平的提高，人们的消费需求不仅是单纯的购物，而且需要更多的体验性和娱乐性。网络购物也从最开始的“图片 + 文字”的展销方式到后来的视频展示，再到今天的真人实时互动的产品推介。我们看到，直播带货的风口来了。

但是，一个主播并不是随随便便就可以成功的。直播需要粉丝，需要流量，需要有相应的直播知识。在互联网经济下，如何抓住机遇，不断提升产品核心竞争力，不断提高选品的品质，使顾客在初次购买后能够重复购买、持续购买，是每个农村电商直播从业者都需要思考的问题。

本书具有如下特色。

第一，贯彻一个精神。本书通过对农村电商直播行业发展的政策、机遇与挑战的分析，帮助农村电商直播从业者了解行业发展前景、学会电商直播策划、掌握直播带货秘诀，更好地帮助农民因地制宜地发展特色农副产品，解决农民增收困难问题，助力乡村振兴，实现共同富裕。

第二，服务于两个主体。本书立足于用互联网技术解决偏远地区地理条件差、信息对接不畅、曝光度低等不利因素带来的农副产品滞销问题，既服务于农村电商直播从业者，也为对口帮扶乡村振兴的相关单位和人员提供可操作性、可复制性强的工具书。本书用生动活泼、通俗易懂的语言呈现电商直播的相关内容，力求满足农村电商直播从业者这一主体的阅读需求，为农村电商直播从业者的技能提升提供助力。同时，本书的出版能解决对口帮扶单位在扶持农副产品“走出去”、打造特色品牌时，市面上缺乏有针对性的电商直播类工具书的现实问题。

第三，满足三个需求。首先，可读性强。全书内容丰富，结构完整，图文并茂，通俗易懂，满足农村电商直播从业者的阅读需求。其次，可操作性强。本书用翔实的案例解读各项操作技巧，力求解决农村电商直播从业者较难掌握的直播涉及的相关知识技巧等问题。最后，可复制性强。本书从直播策划、带货秘诀，到数据复盘与维护，均为读者细细解读，并在一些关键地方提炼了相关技巧和方法。直观简洁的内容，清晰明了的步骤，使本书的知识点易落地、易迁移，具有可复制性。

林莉

2022 年 1 月于成都

目　录

第一课

农村电商直播概述

思维导图

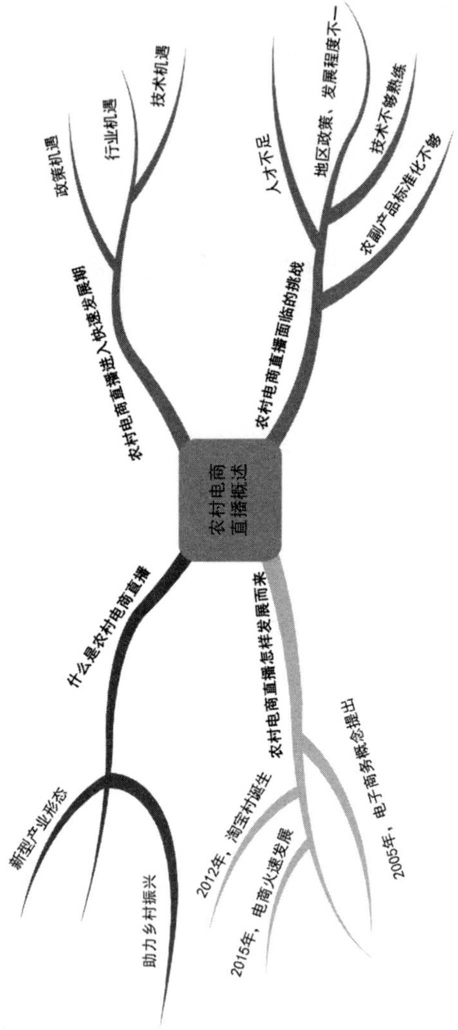
农村电商直播概述
农村电商直播进入快速发展期
政策机遇
行业机遇
技术机遇
农村电商直播面临的挑战
人才不足
地区政策、发展程度不一
技术不够熟练
农副产品标准化不够
什么是农村电商直播
新型产业形态
助力乡村振兴
农村电商直播怎样发展而来
2005年，电子商务概念提出
2012年，淘宝村诞生
2015年，电商火速发展

党的十八大以来，党始终把解决好“三农”问题作为全党工作的重中之重。我们打赢了脱贫攻坚战，顺利完成了全面小康的第一个百年奋斗目标。农业农村问题的解决是我们走向共同富裕，实现第二个百年奋斗目标的关键。

2020 年 4 月，习近平总书记在陕西考察时指出“电商，在农副产品的推销方面是非常重要的，是大有可为的”，充分肯定了电商助农的价值。当前，农副产品销售与新媒体的结合，具有广阔的平台和极大的潜力，农村电商直播迎来重大利好发展机遇。

我们的初心是大力扶持农村电商经济的发展，让传统农耕搭上互联网的顺风车，努力使更多返乡青年和务农的兄弟姐妹通过电商致富，并以此带动更多的农村就业和再就业，推进乡村振兴。

2022年政府工作报告指出，要紧紧围绕改善民生拓展需求；健全城乡流通体系，加快电商、快递进农村，扩大县乡消费。这为农村电商直播提供了政策支持和物流保障。但就现状来看，如何解决偏远地区地理条件差、信息对接不畅、曝光度低等不利因素带来的农副产品滞销问题？如何把好选品关、主播形象关、后续维护关？如何实现农副产品品牌化，推动产品的不断回购和持续销售？这些都是目前电商进农村的真正痛点。

关于电商及直播技巧的相关书籍已经出版了很多，但真正从农民角度出发，解答农村电商直播过程中的相关问题的书籍却寥寥可数。让农民真正学会农村电商的相关技术，是编者编写本书的目的。鉴于此，本书根据财政部办公厅、商务部办公厅、国家乡村振兴局综合司《关于开展2021年电子商务进农村综合示范工作的通知》（财办建〔2021〕38号）以及《商务部办公厅 财政部办公厅关于设立农村电商公开课的通知》等相关政策要求进行编写，力图用简单易懂的语言，详细阐述如何成功地进行电商直播带货，详细介绍电商直播所需要的前期准备、中期流程和后期反馈与总结等环节，解答农村电商直播过程中会遇到的各种问题。

第一节　什么是农村电商直播

随着新的消费模式及互联网技术的快速发展，以电商为代表的新型交易模式成为带动农村地区产品交易发展的新动力。

当前，对农村电商直播的相关研究还没有形成体系，相关学者普遍认为农村电商直播属于“新兴的流量经济引发的新型产业形态”。

农村电商直播是一个地域性的概念，是指以互联网和物联网作为基础，实现把农副产品销往城市、把工业品销往农村的贸易互通，且这种贸易模式依托电商平台进行，并通过物流体系的配送网络完成实体货物转移。

这是新型的在线交易，其中就包括了各种农副产品的线上销售与购买活动。

农村电商直播从业者大多是农民。当前，农村电商直播从业者一般通过相关直播平台，将农副产品的种植、成长、收获、加工等流程一一呈现在观众面前，利用互联网技术拉近同观众的距离，在加强产品宣传的同时，吸引观众兴趣，将观众转化为顾客。还有的农村电商直播从业者经过产品品牌策划，讲述关于农副产品的品牌故事，实现了农副产品快速变现，为提升地方农业农村经济助力。

农村电商直播的出现意味着在我国广大农村地区，农副产品的交易不再局限于传统的“面对面”交易，或者农副产品商贩收购，而是采取了以电商直播为依托的新型营销方式。这一方式有效地将农村地区的农副产品销售同电商经济结合起来，实现农民与顾客的直接沟通。农村电商直播为农村地区经济发展、助力乡村振兴提供了新机遇。

第二节 农村电商直播怎样发展而来

随着网络经济和数字经济的快速发展，以及智能手机、计算机等电子产品的不断普及，农村电商直播借助越来越便捷的互联网技术，成为促进农村地区经济发展的新型贸易方式。

1995 年，国家开启“金农工程”政策，正式拉开了我国农村电子商务发展的序幕。2004 年，农业农村部牵头实施了第一轮互联网信息进农村项目。2005 年，中央首次在指导“三农”工作的一号文件中提出电子商务的概念。经各级政府部门顶层设计、分层对接，进一步推进了电子商务、数字经济的协同发展。在长三角、大湾区等地区开展试点经济，在中西部地区形成了各种类型的“电商村”。2012 年，全国首个“淘宝村”诞生，为农村地区的电商发展创造了历史性机遇。自 2015 年起，在互联网技术的飞速发展下，加之各地政府的大力支持，农村电商在全国范围内发展得如火如荼，“电商扶贫”被列为精准扶贫十大工程之一，“直播带货”也成为有效促进农村地区经济发展的新型发展模式。2021年，全国农村网络零售额达到2.05万亿元，农村电商在我国快速发展，同时也进一步推进农村消费市场快速走向成熟。

农村电商直播行业的发展不仅打通了工业品下乡的通道，带动了农副产品上新，改变了农副产品的经销模式，还吸引了越来越多农村青年劳动力的回流和大量资本的聚集。越来越多的农民利用互联网技术和直播平台开展电商直播，在实现创业发展的同时，更创造了劳动岗位，为农村劳动力的再就业创造了条件，也为农村地区经济发展、文化传播做出了重要贡献。

自2020年以来，突如其来的新冠肺炎疫情，导致世界经济衰退，国内购买力下降，给全国农副产品市场造成了影响和冲击，导致很多农副产品供需脱节，农民陷入“卖难”、市民面临“买难”的困境。农副产品价格波动幅度大，极大地影响了农民的收入，也对民生保障造成了一定影响。电商直播在此时发挥了“及时雨”的作用。农村地区利用电商直播销售当地农副产品，“直播带货”一时间风生水起，因其具有无接触、可视化、互动性强的优点，成为新冠肺炎疫情期间农副产品销售的新潮流、新亮点。2020 年 3 月发布的《2020 年网络扶贫工作要点》指出，把网络短板补得更扎实一些，把信息基础打得更牢靠一些，推动网络扶贫迈上新台阶，不断激发贫困地区的内生动力，坚决打赢脱贫攻坚战。农村电商直播既可以推销农副产品、帮助农村地区脱贫致富，又可以推动乡村振兴、防止返贫。

“直播带货”真正成为农民致富的“新农具”。

第三节　农村电商直播进入快速发展期

党的十八大以来，党和国家越发重视农业农村问题，打赢了脱贫攻坚战，全面建成小康社会，实现了第一个百年奋斗目标。农业农村问题的解决是我们走向共同富裕，实现第二个百年奋斗目标的重点工作。将农副产品销售与新媒体相结合，具有广阔的平台和极大的潜力。农村电商直播迎来了重大利好发展机遇。

一、政策机遇

为了巩固全面小康的阶段性成果，全面实施乡村振兴战略，让农业农村更好地发展，财政部办公厅、商务部办公厅及国家乡村振兴局综合司发布《关于开展2021年电子商务进农村综合示范工作的通知》，商务部办公厅、发展改革委办公厅、中华全国促销合作总社办公厅发布《关于进一步推动农商互联助力乡村振兴的通知》等文件，从顶层设计层面，将电子商务、数字化媒体融入乡村振兴，为农村电商直播提供切实的政策机遇。

首先，由政府主导，强化产品监管和信息共享。农村是农副产品生产的源头，相较于信息渠道更多元和信息更即时的城市而言，由于广大农村地区受制于地理位置偏远与地区发展不平衡等因素，农民获取信息具有一定的滞后性，往往无法了解最新的农副产品需求和农副产品的价格波动等实时信息，也就导致农民无法进行有针对性的农副产品生产和议价。目前，乡村振兴工作由政府主导，地方政府主动牵头，了解农业市场的供应情况和行情，掌握本地的农副产品生产的种类和数量，加强动态跟踪，提前制订农副产品的销售计划，与农业农村相关部门和农业市场及时沟通交流，为农副产品的销售保驾护航。各级政府与相关部门及时发布农副产品信息的最新动态，基本解决了信息获取的滞后性问题。

其次，政府大力发展农副产品流通基础设施建设。由于农副产品具有易损、易坏、需冷链存储等特征，加上电商销售存在一定的周期性，需要有保鲜仓库等场所设施，各地政府合理规划产业布局，为农副产品的储存和保鲜提供资金补贴，建设多功能型冷鲜仓库。为了解决长途运输中农副产品的保鲜问题，政府提供专项资金补贴及专业的移动式冷链。同时，为了保证农副产品可以物尽其用，针对部分库存产品销售不尽的问题，政府可以根据实际情况，与当地企业深入沟通合作，或者引入外地农副产品加工企业，专门为农副产品提供加工服务，最大限度地保障每份农副产品都能得到充分利用，保障广大农民的切身利益。

最后，由政府保证农副产品物流的畅通无阻。政府可以专门为农村电商提供“电子商务+产地仓+快递物流”模式，提供绿色物流一站式服务。政府部门与当地的物流企业、农村基层供销合作社、农副产品批发市场等部门紧密联系，动态持续关注相关农副产品的行业情况，为农副产品种植、采摘、存储和运输开辟一条畅通无阻的绿色通道。针对农副产品重量大但利润低的问题，交通管理部门可以对农副产品的路政税费给予免费，从而极大地降低农副产品的运输成本。各地物流行业也可以积极推行“一点多能、一网多用”的物流模式，为农村电商的发展赋能，让电商成为农民致富的一条有效途径。

二、行业机遇

近年来，随着网络经济的火热和迅猛发展，互联网与农副产品结合形成的农村电商行业逐渐成为农民收入来源的重要一环。先是有农村淘宝商户的大批出现，随后多家互联网企业为农副产品零售行业开了绿灯。这些互联网企业为农村电商的入驻降低了门槛，也有的平台对农副产品进行收购，统一建立仓库，再发往全国各地，形成了规模化的电子商务团购。

目前，抖音、拼多多、微信等成为农村电商直播的“主战场”。由于这些网络平台具有易传播、好操作、低成本等特点，只需要一台手机、一个主播即可操作，使互联网传播的便携性得以充分体现。大批农副产品企业和个人开启了直播带货的新模式，刮起了一轮新的消费热潮。

以四川省凉山州会理县的石榴销售为例：会理是国内最大的石榴产区，石榴种植面积约占全国的四分之一。过去，会理石榴主要靠大货车运出大凉山，然后进入全国各地的批发市场。为了帮助农户打开消费市场，2017年会理县出台措施鼓励农户、合作社在各大电商平台销售农副产品。何爽（见图1-1）是凉山州会理县走出的一名空姐，自然也是“全村的骄傲”。2017年，她毅然选择从东方航空辞职，回到大山种起了石榴，在拼多多等电商平台开店，通过电商直播的方式帮助家乡农户售卖石榴。她作为“新农人”的代表，借着农村电商直播的东风，在丰收节的拼多多直播间向6.83亿个网友推介会理石榴。丰收节期间，直播店铺里的农副产品销售额超过100万元。“以前我是空姐，现在我更愿意他们叫我‘石榴姐姐’!”通过开展农村电商直播，何爽不仅做出了自己的一份事业，成为创业典范，也为家乡更多农民提供了再就业的机会，同时还为家乡的文化推广做出了贡献。

图1-1 “石榴姐姐”何爽

同样，作为网络红人的李子柒，在通过西瓜视频等网络平台爆火之后，也开始代言家乡的农副产品，与抖音直播、淘宝直播等平台进行合作，大力推销农副产品，并成功建立了李子柒的个人品牌。包括四川腊肉、四川特色火锅底料、螺蛳粉等在内的农副产品通过李子柒直播带货提高了知名度，扩大了销量。她结合自己的强项、特点，通过专业团队助力，在向世界推介中华美食的同时，也在进行中华文化的输出。李子柒品牌成功的案例，为自媒体打造个人品牌创造了新思路，也为文化产品的变现提供了新方法。

2020年，遭受新冠肺炎疫情重创的湖北，百废待兴。为了促进湖北省农副产品的销售，快手与央视在2020年4月共同举办公益直播带货活动，累计观看人次达1.27亿，最终销售出价值6100万元的湖北特产和农副产品。这次活动为农村电商直播行业树立了新的标杆，推动了农村电商直播行业的进一步发展。

三、技术机遇

随着大数据的运用，越来越多的惠农技术走进乡村，助力农业生产。例如，在农产品收获季节，农户家里小麦收获的公顷数量可以由一个小仪器通过北斗卫星导航进行精确测量，这种测量仪器小巧方便、简单易操作，已经在河南农村大量普及。科学技术的发展为农业带来新的机遇。

随着 4G 网络的全面普及和 5G 网络的快速发展，移动互联网已经覆盖全国，每个人都可以享受低成本、高质量的网络消费体验，这也为农村电商直播奠定了技术基础。

我们可以随时随地打开抖音、拼多多、微信公众号等直播平台，作为观众观看直播，作为顾客通过直播挑选心仪的产品，或者成为主播。“万物皆可直播”并不是一个概念。我们可以看到，有的主播专门利用吃饭的时候展示自己的农副产品，并进行真实有效的介绍；有的主播站在田间地头，开启全天直播，为网友们普及农业知识，介绍农产品的生长现状。互联网技术的普及打破了直播的物理空间限制。

中国互联网络信息中心发布第 50 次《中国互联网络发展状况统计报告》，截至 2022 年 6 月，我国网民规模达 10.51 亿，互联网普及率达 74.4%。农村地区互联网基础设施建设全面强化，我国现有行政村已实现“村村通宽带”，推动农村地区互联网普及率较 2021 年 12 月提升 1.2 个百分点，达 58.8%。

直播平台受众覆盖面广、时效性强，具有与直播间观众实时互动的渠道优势和质优价廉的成本优势。与传统的淘宝、京东等网络店铺销售相比，电商直播提供了一个可以实时实地展现农副产品的平台。电商直播可以实现直播间观众和农副产品商家的实时交流与沟通，为身在全国各地的直播间观众答疑解惑，使他们能够更全面、多角度地了解地方特色农副产品。在宣传效果和推荐效果上，电商直播具有传统电商所不具备的真实性和时效性。农村电商直播从业者可以在直播中讲述他们勤劳致富的故事，讲述产品的故事，直播农家菜制作过程，和观众分享农副产品菜谱，使农副产品更有故事性和传播性，也更有温度，具有更强的吸引力。

以江西赣州的华农兄弟为例，他们在网络直播中销售当地特色的赣南脐橙，亲自到果园中为大家介绍赣南脐橙，让顾客直观地了解万亩赣南脐橙园的种植情况。华农兄弟对采摘新鲜脐橙的过程进行直播，在不同果树上采摘了五六个脐橙，徒手掰开，向直播间的观众展示果肉的色泽、水分程度，直播品尝水果，并且向观众描述水果的口感和味道，可以说是非常立体生动。现场展示、互动品尝，华农兄弟让直播间的观众身临其境，当天销售业绩超过 30 万元，也间接促进了当地电商相关企业如快递行业、广告行业及包装行业等的发展。

当下很多农副产品能够借助农村电商直播渠道展开销售，常见的有蜂蜜、红薯、鸡蛋、石榴、腊肉等。由于电商直播渠道的农副产品质量可靠、价格实惠，因此深受直播间广大顾客的关注和信赖，下单量非常高，促进了农副产品销量的大幅提升。

第四节 农村电商直播面临的挑战

农村电商直播在迎来重大利好发展机遇之际，同时也面临着严峻的挑战。各地区政策、发展程度不一，导致地区电商发展不均衡，特别是农村与头部城市之间电商发展差距较大，中西部地区与东部沿海地区之间电商发展差距较大。而且农村电商直播人才缺口呈逐年上升趋势，相关从业者文化水平不高，品牌运营理论基础不够扎实，懂技术的人才也相对较少，对直播所需技术不了解，对直播设备功能不熟悉，对直播所需要的附加技术（如主播的语言、形象与控场能力），直播的文案和标题，直播画面的呈现方式（如拍摄角度、构图）等方面的经验都还不够多，主播的专业、文化素质还有待提高；

农副产品的标准化程度不足，农副产品生产者不能或难以按照农业标准化来进行农副产品标准化生产；等等。这些都是农村电商直播面临的现实挑战，是亟待解决的问题。

一、人才不足

乡村振兴，人才振兴先行；农村电商发展，人才发展为要。中国农业大学智慧电商研究院发布的《2020中国农村电商人才现状与发展报告》中指出，2025年农产品电商人才缺口将逐年上升至350万人。因此，人才不足是农村电商直播面临的第一大挑战与难题。

第一，农村电商直播的人才数量不够。目前农村人口流失严重，大多数农村劳动力都选择进城务工，回乡就业及创业并非大学生、退伍军人等的第一选择。在农村能够从事电商直播工作的人才数量不够，就会导致农村电商直播工作效率不高、效果不理想。

第二，目前农村电商直播的人群大部分文化水平不高。据统计，目前农村电商直播从业者中初中文化水平占50%，高学历的人只占少数。大部分高校毕业的电商专业人才的第一选择并不是投身基层农村电商的发展，导致农村电商直播的专业技术人才缺乏。这样一来，从人才结构上来看，高精尖的农村电商直播专业技术人才远远不能满足市场需求。同时，目前农村电商行业中，中坚力量相对薄弱、农村电商直播后备人才不足的情况非常明显。

第三，农村电商直播人才实践经验有待提升。农村电商直播不仅需要有扎实的技术，还需要有长期实践积累的经验。目前大部分农村电商直播的从业者在售前服务、产品介绍、售后服务等方面还存在实践经验不足的问题。农村直播电商需要在实践中不断向着标准化、流程化、系统化的目标发展。

二、地区政策、发展程度不一

由于各地对农村电商的扶持政策是不一样的，因此各地农村电商发展的程度也不一样。

一方面，各地政策不一致，导致不同地区电商发展不均衡，特别是对比头部城市，差距会更加明显，中西部地区农村电商发展与东部沿海地区农村电商发展差距也很大。例如，广州在《广州市直播电商发展行动方案（2020—2022）》中指出，要打造全国著名的直播电商之都；上海在《上海市促进在线新经济发展行动方案（2020—2022）》中指出，要将上海打造成为具有国际影响力、国内领先的在线新经济发展高地；四川在《品质川货直播电商网络流量新高地行动计划（2020—2022）》中指出，要将四川打造成为全国知名区域直播电商网络流量中心；重庆在《重庆市加快发展直播带货行动计划》中指出，要打造直播应用之都、创新之都；等等。从以上各地的政策中可以看出，各地都非常重视电商行业发展，电商政策各有侧重：上海、广州希望成为在线新经济发展的新阵地，四川注重流量效应，重庆注重创新与应用。

目前，杭州、广州、义乌和泉州发布了有关主播扶持奖励的具体方案，如：对达到人才评定标准的主播发放1万～30万元不等的现金奖励，在购房、租房、子女教育、医疗保障等方面提供不同的补贴与奖励，给予拥有高额带货量的主播、网红达人税收优惠的奖励，等等。可以预期，各地政策的不一致将会导致农村电商的优秀从业者向具有更多政策优惠的地区涌入，而政策优惠不那么强劲的地区就会有人才流失的风险。

另一方面，地区发展水平不同对于农村电商的发展也会存在不同程度的影响。经济发达地区由于具有政府支持、资金充足、技术先进、电商氛围浓厚等优势，因此能够吸引更多的优质资源，招收更多优质的主播，农村电商从业者也能够紧跟社会发展和销售热点，不断提升产品质量，提高电商技术，做好品牌运营，卖出更多的农副产品。相反，经济欠发达地区由于交通闭塞、与外界交流不便、资金缺乏、技术落后，因此许多优质的资源进不来。同时，欠发达地区的农村电商直播由于直播营销策略不足、主播的配备不完善，线上平台也较为单一等，因此容易出现客户留存率不高的现象。这样，即使有很好的农副产品，也会因为自然条件限制、物流不方便、存储保鲜成本高、知名度不高等原因直接影响直播间粉丝数量和产品销售量。

三、技术不够熟练

农业农村部印发的《全国乡村产业发展规划（2020—2025）》明确指出，发展乡村产业是乡村全面振兴的重要根基。乡村振兴，产业兴旺是基础。随着科技的不断发展，手机、平板电脑等设备成为人们生活中不可缺少的一部分。一方面，互联网技术的商业化运用范围在不断扩大；另一方面，互联网技术也推动着人们生产生活方式的变革与社会发展。

由于农村地区互联网发展得比较晚，懂技术的人才也相对较少，因此，电商直播对于大多数农村电商从业者而言都是一个全新的领域。直播技术不够熟练、选品盲目、定价不准等都会对农村电商发展造成阻碍。

对于农村电商直播从业者，不熟悉直播技巧是一个大问题。第一个表现是对直播使用的设备不够了解，如在直播过程中对手机、支架、补光灯、麦克风和声卡等的使用与选择不够熟悉，以至于出现画质模糊、卡顿明显等状况，导致直播效果不佳。第二个表现是对直播所需要的软件不熟悉，如对直播平台、网上店铺开设的具体流程了解得还不够全面；对直播过程中的美颜使用、贴纸使用、时事热点抓取、产品链接及互动聊天等操作不够熟练；在直播过程中不会利用直播软件与顾客形成良好的互动、营造良好的直播间购物氛围；第三个表现是在主播的语言、形象和控场能力，以及直播的文案和标题等方面的经验还不够充足。“磨刀不误砍柴工”，以上这些依然还需要农村电商直播从业者进行有针对性地学习。

除了直播技术不熟练，农村电商直播从业者在其他方面也存在技术不熟练的情况。第一，数据处理技术不熟练。在农村电商发展过程中，对直播数据进行处理是十分重要的。然而，目前大部分农村电商直播从业者对于获取数据、处理数据和分析数据的技术掌握得还不到位。第二，农副产品的仓储技术需要提升。由于许多农副产品不耐储存、保质期短，天气炎热的时候还需要利用冷链运输来保障新鲜，这需要我们提升农副产品保鲜、仓储、运输等相关知识的熟练度。

四、农副产品标准化不够

农村电商直播带货的关键是产品，给顾客带来安全、健康的产品是电商直播可持续发展的立足点。

目前市面上的农副产品良莠不齐，夸大宣传、以次充好的现象时有发生，甚至还有一些农户将残次品进行售卖，极大地妨碍了地区农副产品品牌的构建。

随着现代农业的不断发展，农业生产已经不再是传统意义上的简单生产了，而是与农业机器、农药、化肥等各方协同，经过加工、仓储、运输等各环节而形成的一个完整的农业产业链系统。在这样一个整体系统中，每个环节都需要推进农业标准化。其中任何一个环节没有做到位，都会造成农业标准化工作滞后，直接导致农副产品残次品的出现，严重者还会将前期积累的知名度与美誉度付之一炬。

目前，农副产品标准化的推进速度缓慢。在现实操作过程中，有很多农户并没有按照标准化的要求去执行。个别农户在主观上认为，按照农业标准来进行生产非常费时费力，会造成产量损失、经济效益下降，这也就导致了一些农户在思想上有抵触情绪。并且，执行标准化要求可能会存在如人才、技术等困难，造成农副产品标准化推进速度缓慢。同时，政府及相关部门对于农副产品标准化的宣传也不到位，这就让农户没有牢固树立要按照标准化来进行生产的意识，不理解为什么要农副产品标准化，不明白按照标准化生产的好处，也就不能自觉地按照农业标准化来进行生产和管理了。

随着农村电商行业的不断发展，直播效果在提升，直播服务在加强，直播产品也在不断丰富。目前，许多农村电商直播通过简单的促销手段来吸引顾客、促进销量，比如低价销售、买二赠一等。然而随着行业不断发展，顾客对于农副产品的要求会逐渐提升，如农副产品的大小、质量、色泽、外观、酸甜度、成熟度、新鲜度、运输损伤情况等。这给农副产品销售提出了精细化的要求。

农副产品标准化不到位是农村电商行业目前面临的突出问题，不利于农村电商直播的可持续发展。特别是中西部地区农村农副产品标准化管理经验缺乏、市场化水平较低、农副产品附加值低等问题突出，顾客体验感还有较大提升空间。

第二课

电商直播策划怎么做

一场成功的电商直播，策划必不可少。

如何选择对的产品？选择什么样的产品才能大卖？如何做营销？如何去构建一个良好的直播环境？如何做直播宣传？这都是我们做一场电商直播策划所需要考虑的问题。接下来，就让我们一起学习吧。

思维导图

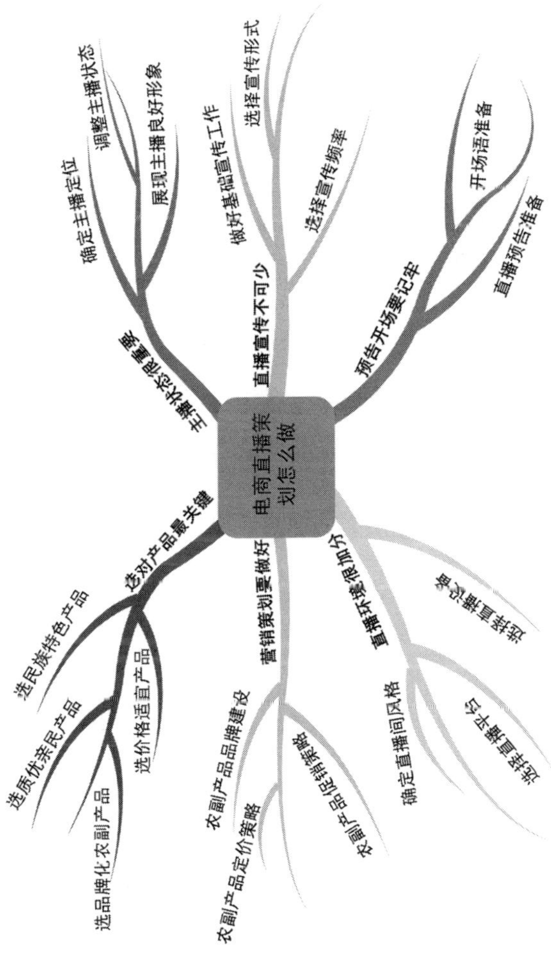
电商直播策划怎么做
主播状态很重要
确定主播定位
调整主播状态
展现主播良好形象
直播宣传不可少
做好基础宣传工作
选择宣传形式
选择宣传频率
预告开场要记牢
开场语准备
直播预告准备
选对产品最关键
选民族特色产品
选质优亲民产品
选品牌化农副产品
选价格适宜产品
营销策划要做好
农副产品品牌建设
农副产品定价策略
农副产品促销策略
直播环境很加分
确定直播间风格
选择直播设备
选择直播平台

第一节　选对产品最关键

产品选得好，带货没烦恼！

如何更好更快地在直播间卖出更多的产品？选对产品很重要！

不管是短视频带货还是直播带货，选择产品对主播来说至关重要，甚至可以说是决定“生死”的关键环节，一点儿都不能马虎。如果产品没选好，就算直播间人气很高，也可能会出现流量大却卖不出产品的情况。直播平台每天有无数场直播，每天有不计其数的新产品出现，同时又有不胜枚举的产品被市场抛弃。直播间的产品想要卖得掉、卖得多，就需要选对产品。

下面为选择产品时需要注意的问题。

一、选民族特色产品

首选当地具有民族特色的产品。

首先，主播最熟悉的就是当地的产品，介绍起来也比较容易、顺畅。

其次，“民族的就是世界的”，具有民族特色的产品相比其他产品更能获得顾客的青睐。比如，彝区有许多特产，包括彝族服饰、彝族漆器、凉山腊肉、苦荞茶、高山牛羊肉、高山洋芋等。

例如，昭觉县地处大凉山腹部地带，是彝族人口大县，特色产品更是数不胜数。

特色代表：昭觉洋芋、清甜香烤烟、昭觉细毛羊、昭觉苦荞麦、昭觉彝族民族服饰。

产品特征：纯天然、无污染、有机绿色、民族特色。

最后，具有民族特色的产品从一开始就打上了民族烙印，这是直播选品的第一吸引点。以凉山彝族自治州（以下简称凉山州）为例，大凉山和彝族特色是当地产品的最大卖点。因为产品都来自凉山农村，所以这样具有民族特色的产品不仅安全、质优价廉，而且还有助农意义，产品背后的故事会使营销更有温度，会吸引顾客在购买的同时关注彝乡经济文化发展。

因此，具有民族特色的产品会在农村电商直播中占据更大优势，不容易被其他产品所淹没。

例如，会理石榴代言人何爽，大家都称她“石榴姐姐”。从空姐转型“新农人”，回到家乡利用电商平台带领村民将石榴销售到全国各地，成为“全村人的骄傲”。通过在果园里直播卖水果，让顾客对水果有更加直观的了解，同时线上销售又能使顾客以较为优惠的价格买到优质的农副产品，实现双赢。

二、选质优亲民产品

要严格把控产品质量。在产品的选择上，必须选择质量上乘、受顾客喜爱的产品。

为了保证产品质量，农副产品最好可以通过二维码、条形码等方式追溯源头，实现“每个产品都有自己的身份编码”，实现一物一码管控。

不可否认的是，一物一码对于现阶段农村地区的农副产品销售来说可能不太现实。但在现实操作中，就算不能做到一物一码，能做到“一单一码”也是可以的。

在一个订单里面，装一张介绍这份农副产品的独特“身份牌”，告诉顾客产品从何而来、如何而来，有些产品可以附加上保持食物最好口感的烹饪方法等介绍，还可以在“身份牌”上诚挚邀请顾客来实地考察，亲身体验农副产品的生长环境，认领果树、鸡、猪、鸭等，从而推动当地旅游业的发展。同时，我们还要围绕农副产品搜集故事，比如回乡创业、老干妈三十年秘方、支格阿尔浓香酒等，这些“品牌故事”会推动产品的传播。

如何选亲民产品呢？事关老百姓日常生活的农副产品就是亲民产品，每天都要用到的产品就是亲民产品。当然，打造亲民产品还要根据不同的客户群体进行产品包装和价格定位。比如，凉山州大山里产出的鸡枞，作为一种味道鲜美且具有保健功能的菌类，深受顾客喜爱，但也因其价格高昂，难以被广大顾客所接受。我们可以对鸡枞进行小包装保鲜，将其直送成都等城市。对于凉山州本地居民来说，用两三朵鸡枞做一盘菜是不可想象的，但是，这样的小包装放在大型连锁超市却正好满足了顾客的购买需求，从而扩大了销售量。

三、选价格适宜产品

产品价格过高或过低，都会对农村电商直播卖货产生影响，因此要选价格适宜的产品。

过高的价格会导致产品卖不出去，没有市场竞争力；过低的价格会影响收入。所以，适宜的价格对于直播卖货来说是十分重要的。适宜的价格有利于提升直播产品的销量，使我们获得更多的利润。

顾客选择平台购物是因为其便利性和实惠性。直播带货是网络平台购物的一种模式，也具有便宜、方便等特征。那么，高价位的产品能不能在直播间卖？答案是：能！但是，能不能卖得动呢？答案是：很难。所以，只有具有低价位或者高性价比的产品，才更加符合消费群体的心理定位。这就需要我们多了解同行信息，掌握同种农副产品的全国售价，只有这样，才能在精准分级、精准定价的基础上，打赢营销战。

四、选品牌化农副产品

随着生活水平的不断提高，人们对农副产品的质量、安全等也提出了更高的要求。随着生产技术的不断提高，农副产品销售发展迅速、品种日趋多样化，但也要看到，如果想提升农副产品的市场竞争力，仍然有很多工作需要做。因此，农村电商要想获得更大的市场份额、更强的市场竞争力，就需要打造特色农副产品品牌，走标准化的发展道路。

品牌化对于农村电商和顾客来说，是一种互利互惠的发展模式。对于农村电商来说，品牌化是产品形象的重要建设途径，可以更好地促进产品销售，也有利于保护地理位置标志产品、保护知识产权、保护电商的合法权益，更有利于拓展销售渠道，增强市场竞争力。对于顾客来说，购买品牌农副产品，他们会更加放心，也有利于维护顾客权益。

农村电商在打造农副产品品牌时，可以借鉴国内外的先进经验，结合自身产品特色，走自己的品牌化管理之路。应采取有效的措施来进行品牌维护和品牌推广，重视提高品牌的含金量，从而取得更好的经济效益和社会效益。

那么，如何打造自己的品牌呢？可以从以下几个方面入手。

第一，从顾客的认知入手。充分利用社会公众对于绿色产品、绿色食品等概念的认知，向顾客呈现品牌的绿色有机特性和地域特色，以此提升品牌形象。

例如，会东块菌（图 2-1）是四川省凉山州会东县特色绿色产品。2013 年 12 月 30 日，国家市场监督管理总局批准对“会东块菌”实施地理标志产品保护。

图 2-1　会东块菌

第二，从农副产品的个性化入手。农村电商直播团队要选择具有个性化、差异化的产品，防止其他竞争者效仿。

例如，凉山会理石榴（图 2-2）以突尼斯软籽石榴为主，这种石榴与市面上的大部分石榴不同，因此容易进行差异化营销。

图 2-2　会理石榴

第三，从现代营销手段的综合运用入手。直播带货具有场景感、沉浸感，是一种互动式营销模式。视觉对人的整体感知具有重要影响，品相俱佳的产品更能激发顾客的购买欲。因此，一定要重视产品的包装，重视产品的售后服务，不断提升产品的价值，扩大产品的影响力。

例如，图 2–3 的会理石榴经过包装后，能够以翻倍的价格甚至多倍的价格卖出。原因有两点：一是精美的包装会使石榴看起来品质更好、更可靠；二是精美的包装会显得更有档次，更能激发顾客的购买欲，包装还可以收藏纪念或赠送给亲朋好友，增加了石榴的附加值。所以，好的包装对产品的销售十分重要。但需要注意的是，切忌过度包装，要避免浪费资源。

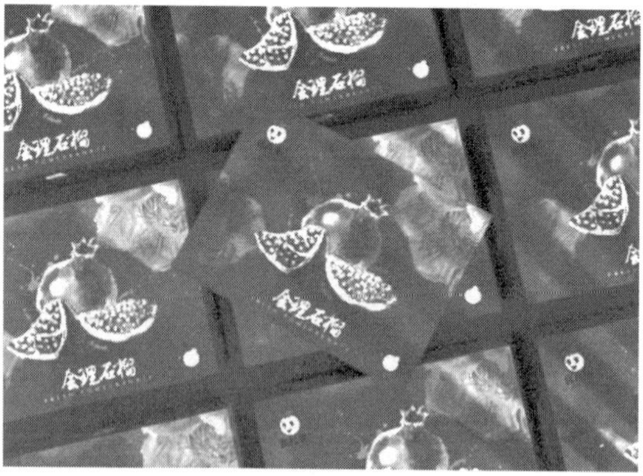

图 2–3　会理石榴包装

第二节　营销策划要做好

选对产品，只是开展一场成功的电商直播的第一步。如何更好、更多地卖出精心挑选好的产品，营销策划至关重要。产品再好，如果缺少适当的营销策划，也必然会面临直播间无人气、卖不出产品、自己的产品更优质却被他人的产品挤占市场等状况。

一、农副产品品牌建设

农村电商是一个集产品的种植、加工、包装、运输、仓储、销售等于一体的产业链系统。在推进农村电商发展的过程中，加强农副产品品牌建设是重要的环节之一。

2021 年 3 月 22 日，习近平总书记在福建考察时指出，要统筹做好茶文化、茶产业、茶科技这篇大文章，坚持绿色发展方向，强化品牌意识，优化营销流通环境，打牢乡村振兴的产业基础。这是习近平总书记专门针对茶类产业做出的重要指示。2018 年，中共中央、国务院印发了《乡村振兴战略规划（2018—2022 年）》，提出要培育提升农业品牌。农业品牌建设已经上升为国家战略。随着社会经济的不断发展，品牌的重要性日益凸显，按照品牌来挑选产品也逐渐成为人们的消费习惯。

我们常常听到要鼓励农副产品品牌化的新闻，那么，什么是品牌？为什么要创立品牌？品牌化又有什么好处呢？

品牌指的是一个名字、名称、符号、设计或是它们的组合；用以识别某个销售者或某群销售者的产品或服务，并使之同竞争对手的产品和服务区分开来。创立品牌不仅能够传达企业的经营理念、企业文化、企业价值观等，还可以增强企业的凝聚力、吸引力与辐射力，提高产品的知名度，从而提高竞争力，使企业能够进行更多的经营活动和文化传播活动。

农副产品品牌的打造需要经历从无到有、从有到优的过程。这是一个长期而复杂的过程，不是拟定一个标语、设计一个 logo、起一个好听的名字就可以实现的，而是需要经过长时间的积累和市场的不断打磨。

品牌打造，什么时候开始都不晚。但应该怎么做呢？下面介绍了我们应该如何进行品牌建设。

第一，要找准市场定位。通过分析产品的卖点，以及顾客的消费习惯、消费心理与特殊需求等来对当下要卖的农副产品进行品牌定位。比如，要思考产品的主要消费人群，锁定产品从原材料到加工再到包装是走低端路线还是高端路线，产品是以功能性来定位还是以工艺型来定位等问题。如果不对产品品牌进行定位，那么在宣传的过程中就会出现盲目营销，或者产品定价与产品价值不符的情况。

第二，要做好品牌策划。品牌策划包括品牌命名、品牌理念、品牌标语、品牌 logo、品牌故事等。一个好的品牌策划会给顾客留下非常深刻的印象。比如，农夫山泉通过“有点儿甜”的创意营销，给顾客留下了农夫山泉清凉甘甜的印象，并且通过“大自然的搬运工”的营销树立起天然水的品牌；脑白金作为中国礼品市场上的代表，它将产品定位为“礼品”，在极短的时间开拓了市场并长时间占据礼品市场的宝座。因此，在对农副产品进行品牌策划的时候，可以从当地的历史、人文、故事等要素着手，提炼出有意义、有价值的内容，在此基础上打造出属于农副产品自身的品牌。大凉山的雷波脐橙就是一个很好的例子。

每年年底到次年1月这段时间里，提起市面上最受欢迎的水果，总少不了雷波脐橙的身影。雷波脐橙（图2-4）以其独特的地理位置，以及“当季现摘鲜果”“偶遇深山的味道”“一款春天成熟的橙子”等进行营销，真正地将“深山的味道”这一品牌形象植入顾客的心里，从而推动雷波脐橙的销量持续走高。2020年，雷波县脐橙种植面积为2.7万亩，产值达3.57亿元，带动3500户农户（约1.5万人）脱贫致富。

图2-4　雷波脐橙

第三，要搞好品牌宣传。品牌做得再好，没有宣传也不行。在信息化时代，一是要通过线上线下相结合的方式加大宣传力度；二是可以通过微信公众号、小红书、微博、抖音、快手等社交媒体平台吸引流量，增加自己的曝光率；三是积极参加各种农业博览会、农副产品产销会等，做好品牌宣传。

品牌农业是未来农村电商发展的大趋势。近年来，随着互联网的不断深入与下沉，“互联网＋农业”正在不断地焕发新机，同时也不断促进传统农业向现代农业转型。

品牌强则农业强。推动农副产品品牌建设是助力乡村振兴的重要环节，也是建设现代农业、优化农业结构、转变农业发展方式、提高农业经济效益的必经之路。

二、农副产品定价策略

价格是影响农副产品销量的关键因素。

顾客对于产品的第一直观感受就来自价格。价格过高可能会让顾客没有购买欲，价格过低则可能会让顾客担忧产品质量。只有合理的定价才会吸引顾客，并激发顾客的购买欲。

农副产品的定价除了要考虑成本、市场需求，还要考虑盈利目标、预期效果等。下面介绍了几种常见的农副产品定价策略。

（一）新产品定价

1. 撇脂定价

撇指定价是企业在新产品投入市场之初，利用顾客求新、好奇的心理，把产品价格定得远远高于成本，从高价格中获得高额利润的产品定价策略。撇脂定价只有在满足以下两个条件时才可以使用：第一，产品的质量和形象必须与产品价格一致，且有相当多的顾客能够接受这种价格的产品；第二，产品的生产成本不能太高，否则会抵消定价高带来的好处。这种方法不仅能够利用高价来提升产品的身价，树立品质优良的产品形象，而且还可以在后期通过降价吸引新的顾客，但同时也容易限制销量、限制目标市场。

例如，白草莓（图 2-5）呈粉白色、果皮较薄，这种独特的颜色市面上少见。因此，白草莓初上市时即使价格昂贵，也吸引了大量的顾客。

图 2–5　白草莓

2. 渗透定价

渗透定价是通过低价销售产品，以期实现在短期内加速市场成长，获得较高的销售量及市场占有率的产品定价策略。这种策略能够扩大市场的占有率，也就是通过所谓的薄利多销，吸引更多的顾客，但同时也会影响品牌形象，会让投资回报期变长。

例如，苹果手机价格昂贵，于是与其功能相似的小米手机在上市之初以远远低于苹果手机的价格销售，从而吸引了大量的顾客。

对于农村电商从业者而言，采取哪种方法为新产品定价更好呢？这就需要从从业者情况、市场情况、产品特性、成本等方面来进行综合考量。尤其要掌握同类产品在不同电商平台的销售价格，以帮助自己做好定价决策。

（二）心理定价

1. 尾数定价

在超市或者直播中，经常可以看见许多定价为 0.99 元、2.99 元等尾数为“9”的产品（图 2-6），而鲜少看到定价为 1 元、10 元的产品，这其实是针对顾客追求廉价的心理而产生的定价。这种制定非整数价格的做法，能够通过结尾的零头数使顾客在心理上产生产品

图 2-6　尾数定价法

便宜的感觉。与尾数取“9”类似，也可以对价格尾数取吉利数，比如“8”，从而激起顾客的购买欲，促进产品销售。

2. 声望定价

声望定价是以高价出售以便创建一个高质量和社会地位的形象的一种定价方法。这种定价方法可以提升产品的形象，还可以满足顾客喜爱更有名气、更有内涵的产品的心理，让顾客认为价格与产品价值相符。比如，褚橙（图 2-7）由于褚时健的传奇故事，尽管定价高于其他同类型产品，但是销路依然不错。

图 2-7　褚橙

（三）折扣定价

折扣定价的目的是鼓励顾客进行消费，进而扩大市场占有率、提高产品销量。常见的折扣定价方法有现金折扣、数量折扣、季节折扣等。

1. 现金折扣

当顾客能够及时付款时，对顾客给予现金折扣。比如，满 100 元返 10 元。

2. 数量折扣

当顾客一次性购买了大量产品或一次性购买达到一定金额时，给予顾客打折。比如，购买 100 斤以上的整体打 9 折，购买 200 元以上的额外部分打 8 折，等等。

3. 季节折扣

在销售淡季对购买产品的顾客进行让利。比如，夏季对羽绒服相关产品做反季促销，冬季对冰激凌做反季促销，等等。

（四）差别定价

差别定价是指销售商在既定交易水平下，针对不同顾客提供不同的价格条款。通常有以下几种划分类别：

顾客群体、产品样式、季节时间、消费次数等。差别定价满足了不同顾客对于产品、类别的不同需求，对于买卖双方都是有益的。

例如，航空公司会根据不同顾客群体的需求，将飞机上的座位划分为头等座、商务座、经济座等；演唱会主办方会根据座位距离舞台的远近来制定票价；果农将水果分为大果、中果和小果进行销售；旅游区的酒店在淡季的价格要低于旺季的价格；在产品供应较慢的时候，部分顾客希望提前享受产品，因此愿意支付更高的价格。这些都是符合买卖双方利益的差别定价。

三、农副产品促销策略

促销策略是指为了达到扩大销售的目的，通过人员推销、广告、公关和营销推广等各种促销手段，向顾客传递产品信息，引起他们的注意和兴趣，从而激发他们的购买欲和购买行为的一系列有计划的活动。

农村电商从业者可以通过各种各样的方式进行促销。

促销的意义就在于扩大自身产品的销量。同时促销可以营造产品划算、质优价廉的氛围，还能让顾客更了解品牌，提高消费意愿。

（一）常用的促销方法

下面介绍了几种常用的促销方法。

1. 抽奖促销

抽奖促销是奖品完全凭机会或运气决定的一种竞争性促销方式。常见的抽奖促销有砸金蛋、转盘、刮刮卡、抽奖箱等（图 2-8），主要是利用奖品来吸引顾客，这些方式通过线上也可以进行。

图 2-8　抽奖促销

2. 限时抢购

农村电商从业者可以利用电商平台或者直播间的日常促销活动推出限时抢购，也可以参与节日、店庆日、周年日等活动，如在“双十一”、春节、儿童节等节日或活动日推出限时抢购。限时会给顾客带来紧迫感，这也是“饥饿营销”的方法之一。

3. 发放优惠券

我们经常在各大购物网站、店铺里看见“购物满 300 元减 100 元”“10 元无门槛代金券”等优惠活动（图 2–9）。这种方法通过发放优惠券让顾客产生不用就亏了的心理，从而增加产品的销售量。

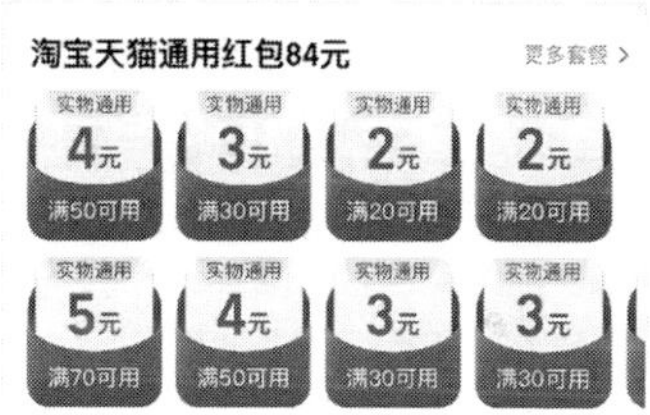

图 2–9　优惠券

4. 建立会员体系

在促销过程中，可以建立属于自身店铺或者产品的会员体系，通过办卡打折、新品试吃试用、累计消费折扣或者积分的模式为会员提供更优惠的价格，从而提高顾客的黏性和忠诚度。

5. 包邮

包邮已经是电商营销的普遍手段。商家可以将包邮与其他促销方式结合起来，如仅在节假日期间包邮、在顾客购买到一定金额的时候包邮等。

6. 赠品

从消费心理学的角度来看，赠品能够让顾客更愿意购买。赠品的选择有很多，比如，买一箱百香果送百香果专用器具，买火腿肠赠送一个水杯，买方便面送一只碗（图 2-10），等等。也可以给关注店铺或直播间的顾客在购买产品时附赠更多产品或者少量其他想推荐的优质产品。

图 2-10　赠品促销

注意，促销的赠品不是随便选的。不要拿一些库存的、滞销的产品来当赠品送给顾客，这样做只会降低成交率，给品牌抹黑。只有考虑到顾客需求的赠品营销，才可以增加客流量、促成成交、维护关系、打造品牌知名度。

（二）常见的消费心理

下面介绍了几种常见的消费心理。

1. 从众心理

从众，是指在群体压力或影响下，个人做出与群体意见或态度相一致选择的心理倾向与行为。顾客在做购买决策时，会表现出从众的倾向。比如，购物时喜欢到人多的商店；选择品牌时，偏向市场占有率高的品牌。因此，我们可以借助从众心理，从以下三个方面入手。一是制造爆款。爆款是指在产品销售中，供不应求、销售量很高的产品。在实际的营销过程中，一个爆款就可以拉动一个店铺的销售额，因此要选出合适的主推产品并加大宣传力度。二是制造热门话题。例如，羊奶粉营销，通过制造一个“羊奶好吸收”的话题，引导了人们的消费行为。三是跟进热门人物。如明星代言的奶茶、皂粉等，通过热门人物强化顾客的记忆，推动顾客主动消费。目前，已经有多个由明星、地方主政官员代言乡村振兴产品的成功案例，如藏族男孩丁真就带动了当地产品的销量，促进了当地的经济发展。农村电商直播从业者可以主动出击，以公众熟知的人物为推介或主动“制造”热门人物来带动产品销售。

2. 猎奇心理

每个人都有好奇心。农村电商直播从业者可以通过挖掘顾客的好奇心来制定产品的促销策略。许多在当地常见的东西，在外地却是新鲜事物。要多了解顾客好奇的点，抓住他们的兴趣点，从而推出适合的产品。比如，我们常常会因为看到“你一定不知道的养生食品”这样的标题而点开文章。我们也可以发布类似文章来吸引顾客购买我们的产品。外观像一条毛巾的毛巾蛋糕、“臭”名昭著的鲱鱼罐头、样子怪怪的“脏脏包”、商家在端午节推出的“辣条粽子”“冰淇淋粽子”等产品，都能很好地满足一部分顾客的猎奇心理。需要注意的是，不要夸大其词，要实事求是地对产品进行宣传、促销。

3. 稀缺心理

在消费心理学中，把“物以稀为贵”引起的购买量提高的现象，称为稀缺效应。在营销中运用最广的稀缺心理是饥饿营销，比较著名的案例是小米的饥饿营销。饥饿营销就是指商家有意地调低产量，造成供不应求的现象，如限量（全国只有 100 套）、限时（24 小时内付款）、限人数（每人只能买 1 件）等。在销售产品时，还可以使用“一次性大甩卖”“清仓大特价”等方式来促进顾客购买。需要注意的是，一定要选择确实稀缺的产品，如果后续再正常售卖该产品，将不利于维护顾客的信任。

4. 锚定效应

锚定效应是指运用产品锚点与顾客正面情绪的联结来促进销售。这些产品锚点把人们的思想固定在某处，就像沉入海底的锚，使顾客产生有利于销售的认知。比如，顾客问，辣椒辣还是不辣？我们可以依据剩余辣椒的特征，不断地变换“锚点”，用先下手为强的话术引导顾客的购买。我们可以说，这部分辣椒是辣的，而这部分辣椒是不辣的。

我们需要在营销过程中，不断调整策略，找到新“锚点”。

5. 务实心理

在进行促销的过程中着重宣传产品的成分、产地、特色等内容，给予顾客实实在在的让利，对于具有务实心理的顾客而言才是最好的促销。

其实，促销的方式还有很多种，但不管是什么样的促销策略，都需要根据产品、地域、规模、人员等实际情况来制定，因为只有适合产品的、适合目标消费人群的才是最好的。

第三节　直播环境很加分

直播要想出彩，就要从直播环境的布置入手。良好的直播环境能够给人带来舒适的感觉。打造与产品匹配的场景，是电商直播前需要重视的一个环节。如果无法打造专业的场景，建议直播背景至少要干净，要努力营造舒适的视觉感受。此外，在直播环境不理想的状态下，建议主播使用操作方便、特效较好的直播软件。

如何布置直播环境呢？顾客进入直播间的第一感受就是视觉感受，眼睛看到的视觉形象将直接影响顾客的体验。建议最好精心布置一个直播间，以达到收获更多顾客、增加销售量的目的。当然，如果想要直观呈现销售的农副产品，那么也可以选择田间地头、果园、工厂、加工房等作为直播地点。

下面，我们以民族地区直播环境的打造为例，给出具体的方法。

一、确定直播间风格

要根据自己的直播产品确定直播间的风格。考虑顾客的观看终端大多是手机、平板电脑这类设备，屏幕较小，所以直播间的布置要简洁，主题突出。布景要以简洁、大方、明亮为主，不可花哨，也不可有杂物堆积。

尽量选择不反光的材质作为主要背景，因为背景太亮或者反光，都会影响直播效果。而背景过于鲜艳，会喧宾夺主，分散顾客对产品和主播的注意力。

当然，我们的直播环境最好能体现出当地独特的民族风格。以彝族地区农副产品直播为例，最好采用民族风装饰，或者在纯色背景上加上彝族特产品牌 logo，再加一条简明的广告语。在室外直播的时候，可以选择具有当地特色的民族风景区，还可以选择在产品的产地进行直播，使产品更加真实、可信。

在来不及布置直播间、直播背景也比较杂乱的情况下，可以利用直播平台提供的“一键切换功能”，利用虚拟背景增强直播间的效果。虚拟背景的优点是成本低、效果好、效率高。

如果想进一步提高直播效果，可以学习一下实时画板功能。在实际直播中，对于许多产品特点和重点的描述，单凭口头讲解是不够的，如果能在画面上圈出来，往往效果会更好。通过实时画板功能，可以进行现场批注，使产品讲解更直观；可以添加字幕、标题等直播包装图层，单击调节功能区的图层按钮，还可以添加字幕、图片、动画等。

二、选择直播设备

“工欲善其事，必先利其器。”电商直播离不开硬件设备的支持，完善的硬件设备对直播的顺利开展可以起到事半功倍的作用。直播新手需要准备哪些直播设备呢?

（一）手机直播设备

1. 设备组合类型

（1）基本组合：手机 + 支架 + 手机声卡 + 补光灯 + 耳机。

（2）升级组合：手机 + 支架 + 音乐播放设备 + 补光灯 + 麦克风 + 耳机手机声卡。

2. 设备的选用技巧

（1）手机。尽量选择配置高的手机，保证直播流畅、不会卡顿，也能够保证较好的画质。内存充足、摄像头像素高、性能稳定的手机是首选。

（2）支架。直播中，为了确保设备稳定、直播稳定，需要购置支架。选择轻便坚固的支架会让直播画面更加稳定。

（3）手机声卡。在用手机直播时，需要同时打开直播软件和播放器软件，而大多数手机是无法同时打开这两种软件的。所以需要独立的手机声卡来帮助解决这个问题。而且，手机声卡可以提供丰富的伴奏和特效声音，增强直播间场景化的效果，还可以起到活跃整个直播间气氛的作用。

（4）耳机。在直播的过程中，耳机主要是使主播能够更好地监听自己的声音。耳机一般可分为头戴式、入耳式、耳塞式等类型。头戴式耳机一般是游戏主播更为青睐的。带货主播一般会选用入耳式或耳塞式耳机。但耳塞式耳机消噪、降噪的功能较差，且受外界噪声干扰较严重。相比较而言，入耳式耳机有较好地隔绝外部噪声的效果，并且瞬态反应度较快，能够帮助使用者及时捕捉节拍和需要的声音信号。此外，入耳式耳机在构造上能够做到紧密嵌入人耳的三角窝和耳甲腔，主播在佩戴时即使活动动作较大也不易脱落。因此，在直播设备选择中，一般更推荐使用入耳式耳机。

（5）麦克风。麦克风也是手机直播的好帮手，会减少声音损失，保障传播效果。如果主播想录制高质量的声音，最好配一个外置麦克风。手机用的麦克风一般有领夹式麦克风、电容麦克风、枪型麦克风等。手机直播一般最好选择电容麦克风。

（6）补光灯。补光灯这个设备看起来简单，但它的功效很明显。补光灯可以改善主播的肤色的肤质，增强主播脸部的立体效果。合理地使用补光灯还会让产品更加好看，增加产品的吸引力，即相当于增加了镜头美颜的效果。补光灯还能根据直播环境自动调节镜头的亮度。补光灯主要分为光圈补光灯和灯箱两种。一般来说，光圈补光灯会配带支架，这种补光灯可以直接接金属云台和手机支架，释放双手，让主播直播得更顺畅，可以满足基本补光需求的补光灯，其基本售价在200～300元。

此外，补光灯的色调一般包括暖光、冷光和日光三种，主播在直播中可以优先选择适合自己或者产品的色调。

（二）电脑直播设备

1. 设备组合

（1）基本组合：电脑 + 音乐播放设备 + 补光灯 + 有线耳机。

（2）升级组合：电脑 + 音乐播放设备 + 补光灯 + 麦克风 + 声卡。

选用电脑进行直播与选用手机进行直播所使用的设备大致相同，下面介绍如何选择电脑直播。

2. 设备选择技巧

用台式电脑进行直播的时候一定要给电脑配置大主板，这样，主板上就有空闲的 PCI 插槽。这个插槽是用来插独立声卡的。如果配备的是小主板，未来再想提升设备性能就很难了。显示器在 19.5～23 英寸较为合适，选用高清系列的显示器，不仅有利于直播，还可以保护眼睛。笔记本电脑尽量选择尺寸不低于 15 英寸的，因为大多数直播平台是支持宽屏的，电脑显示屏尺寸太小的话可能无法正常显示完整的直播间信息。

用电脑直播时，摄像头必不可少。需要注意的是，有些电脑摄像头的像素达不到直播要求，会导致直播画面不清晰，从而影响直播效果。摄像头主要分为红外摄像头和高清摄像头，直播主要以高清摄像头为主。大家选择设备时，可以根据自己的需求和预算自行选择。

电脑声卡也是直播的标配。电脑声卡分内置声卡和外置声卡。内置声卡只能用在台式电脑上，且电脑主板必须有空置的 PCI 插槽。外置声卡主要用在笔记本电脑上，也可以用在台式电脑上，通过 USB 插口接入。

麦克风可分为动圈麦克风和电容麦克风，大部分主播使用的都是电容麦克风。电容麦克风灵敏度非常高，因此，为了防止爆音和杂音，记得准备配套防喷罩。

（三）网络设备

选择用宽带或 WiFi 时，要注意尽量选择高频宽带。例如，可以选择 100Mbit/s 的光纤宽带，尽量使用 5G 网络。高频的网络环境，才能让直播更加流畅，避免出现卡顿、断网、画面不清晰等情况。

三、选择直播平台

一场成功的电商直播，离不开合适的平台，主播需要对直播平台进行选择。

目前的直播平台包括淘宝、抖音、快手、拼多多以及微信小程序等。虽然直播平台很多，但每个平台都具有不同的直播特色。主播在选择时可以根据自身的实际情况进行合理选择，有精力的话可以同时运营几个直播平台的账号。如果精力不允许，最好专注地运营 1 个或 2 个平台的账号，不要随意切换直播平台。如果有需要，比如在丰收节等节日举办大型展销活动时，也可以同时使用几个平台，同步直播，以增加收视率，加大宣传力度，增加直播收益。

直播平台这么多，应如何选择呢？直播平台应该与产品挂钩，按照直播内容选择直播平台最合适。下面分别介绍以下几个直播平台的账号申请办法，以及各直播平台的特点，供大家在选择直播平台时参考。

（一）淘宝直播

1. 做直播前的准备

下载好直播软件，填写直播申请资料，并缴纳一定的店铺保证金。

2. 相关注意要点

（1）即使是知名主播，在直播的前期也需要先积累囤积粉丝。只有在粉丝数量和知名度达到一定数量级后，主播所带销的产品才能有市场，才能实现销量的提升。

（2）固定时间。主播在淘宝进行直播时，最好选择一个固定的时间段。每次直播结束后，可以将直播要点发布在微淘里，进行二次沉淀。

（3）先维护老顾客，再考虑吸纳新顾客。

（4）注重打造主播 IP。

3. 淘宝直播开通流程

首先进入淘宝页面，然后找到直播注册页面，单击主播入驻，最后完成个人实名认证即可。

（二）抖音直播

1. 做直播前的准备

下载好直播软件。

2. 相关注意要点

抖音能够给用户打造沉浸式体验。因此，抖音对包含优质内容的流量扶持力度更高。主播要想在抖音获取更多流量，应当提升直播内容的质量。就直播流量的获取而言，主播与粉丝的互动行为是增加流量的重要方式。直播中的互动、打赏行为，都能为直播增加热度、增加曝光量。

3. 运营要点

（1）利用短视频为账号增加流量，再用直播或产品橱窗进行带货。

（2）要以优质内容的输出为核心。

4. 抖音直播开通条件

直播条件：实名认证，个人主页视频数（公开且审核通过）≥ 10 条，账号粉丝数量≥ 1000 人。

开通购物车条件：开通产品橱窗，发布 10 条视频，粉丝数量大于1000人；开通产品橱窗后，自动解锁购物车功能。

（三）拼多多直播

1. 做直播前的准备

下载好直播软件。

2. 相关注意要点

拼多多更多的是通过用户裂变来达到宣传效果，因此拼多多直播的扩散方式是依靠用户裂变而形成的。拼多多对于直播的扶持也与裂变息息相关。比如，在直播首秀上，只要三位好友组团就能获得直播产品的五折优惠券；组团观看直播可以获得较低的拼团价格，拼多多主要以此类方式吸引粉丝关注。但从直播活动来看，获得直播流量不仅要依赖于自身用户，更要多吸纳外部的用户群体。

3. 运营要点

（1）合理利用平台活动进行用户裂变。

（2）拓展产品宣传渠道。

4. 拼多多直播开通流程

填写直播申请资料即可开启直播。

5. 直播条件

进入拼多多页面，找到直播注册，单击主播入驻，并且完成个人实名认证即可。具体而言，直播开通流程分为以下五个步骤：第一步，打开拼多多客户端，找到拼多多直播按钮；第二步，打开拼多多直播界面后，单击“更多选项”图标；第三步，单击“开直播”按钮；第四步，填写个人基本信息；第五步，编辑完成个人基本信息后，单击提交申请即可。

（四）微博直播

1. 做直播前的准备

下载好直播软件。

2. 相关注意要点

目前，微博直播没有较多的展现路径，仅能通过发布微博进行直播开播提醒，以及微博的视频栏会提示用户所关注的博主正在进行直播。优点是在微博的直播界面可以使用购物车添加淘宝产品链接，也可以进行用户打赏。微博直播与微博前端是互通的，因此可以与前端顾客相关联。主播可以将直播作为一个与顾客联系的手段和进行流量转化的渠道。

3. 运营要点

使用微博进行直播的主播，要学会对微博进行运营，尽量用优质的内容吸引顾客，以获取更多顾客的关注，先吸引成为微博粉丝后再利用直播进行流量转化。

4. 微博直播开通流程和直播条件

进行实名认证后即可开通微博直播。

开通购物车条件：微博加 V。

店铺后台服务需要使用的软件，如折扣软件和快递打印软件等，需要自己购买和准备。另外，主播需要联系快递公司，加强与快递公司的合作。

第四节　主播状态很重要

心理学研究表明，初次的信息传播是由“7% 的文字 + 38% 的声音 +55% 的仪容、表情、服饰、仪态”构成，可见主播的直播状态在电商直播过程中具有重要作用。

准确的主播定位、良好的主播状态，会提高电商直播的影响力与效果；同样，不良的主播状态也会产生副作用，对直播产生不良影响。

接下来介绍，良好的主播状态应如何训练，以及应如何保持良好的主播状态。

一、确定主播定位

从事直播行业的主播数量庞大，有的人能成为大主播，有的人却只有很少的粉丝。大家都是在做同一件事情，为什么结果大不相同呢？“磨刀不误砍柴工”，在直播开始之前，主播需要做好准备，进行一些必要的训练。我们不妨先思考以下几个问题。

（1）你喜欢哪种类型的直播，为什么？哪些点吸引你呢？

（2）你不喜欢哪种直播，为什么？你讨厌哪些点？

（3）如果是你来做直播，你希望自己的形象是什么样的？你会有哪些顾虑？

准确的主播定位将有利于农副产品的销售。主播必须在开播前找准定位，并且学会放大自己的核心优势。

二、展现主播良好形象

对于电商主播而言，主播的形象决定了直播观众对主播的第一印象，因此良好的形象是十分重要的。良好的形象涉及主播的服饰、妆容等。例如，对于民族地区的电商直播而言，民族特色服饰对一场成功的直播来说是如虎添翼的。在特色直播背景之下，主播穿上民族特色服饰会让观众对这场直播更加感兴趣，也会对主播要售卖的特色产品更加信任。

三、调整主播状态

积极的开播状态对于主播来讲十分重要。无论直播前发生了什么事情导致主播心情不悦或者心事重重，在直播开始之前，主播都应尽量调整好自己的身心状态，以最积极热情的状态迎接接下来的直播工作，以积极轻松的状态面对观众，微笑迎接直播间的每位观众，展现出平易近人、和蔼可亲的姿态，让观众感受到热情。

积极的状态会带给人热情、向上的感受。在观众进入直播间时，若主播展现的是一个良好积极的状态，那么观众必定会多看几眼。反之，若观众进入直播间之后，看到主播是垂头丧气、无精打采的，则对主播接下来想售卖的产品的兴趣必然会大打折扣。由于主播的好情绪和坏情绪都会传染给粉丝，因此，主播在打开直播的那一刻就要保持住积极兴奋的状态，热情地面对观众，这样才会为直播间吸引更多人气!

大多数新人主播都会遇到直播过程中过于紧张的问题。例如，在直播间开始进来观众后变得十分紧张，不知道该说些什么，尴尬地坐在那里面对着镜头。人们在处于一个陌生的环境，或者做一件不够熟悉的事情的时候都会有紧张感，这是十分正常的，产生心理紧张和生理反应都是能够理解的。如果想改善这种紧张情况，主播就需要提前做一些准备，当熟悉了这种环境后，就不会再有这种紧张感，也不会觉得尴尬了。主播可以先聊一些自己擅长的话题，这个方法不仅能打开话匣子，还能吸引一些志同道合的观众。在与直播间的观众进行交流时，一定要不断扩大与观众之间的共同点，这样聊起来大家才会更有兴趣、交流才会更深入持久。同时，主播不必焦虑，要接受这些紧张情绪。在直播中，主播需要适度的紧张，因为适度的紧张才最有利于发挥出最佳水平，从而更好地完成直播任务，取得成功。

第五节 直播宣传不可少

在当今以流量为王的时代，市场竞争非常激烈，各路产品琳琅满目，大家的选择也更加多元化。农村电商从业者要想使巷子里的酒香传得更远，让更多人购买物美价廉的农产品，就必须在直播宣传上下硬功夫。

一、做好基础宣传工作

基础宣传工作是一切宣传工作的基础，正如“合抱之木，生于毫末；九层之台，起于垒土”，只有做好基础宣传工作，才能发挥后续宣传工作的价值。基础宣传工作虽然简单但很重要，我们必须将直播封面、直播标题与直播预告做好。

1. 直播封面吸引眼球

直播封面是顾客选择直播间的第一步。新颖的直播封面能够让客户在众多直播间里第一眼就找到你！那么什么样的直播封面才能吸引眼球呢？

第一，画面清晰。画面清晰是直播宣传的基础要求，必须使用高清图片作为直播封面。

第二，主播出镜。可以在直播封面上加入主播照片，对人物照片进行创意设计。

第三，文字简洁。直播封面的文字不宜过多，最好控制在 15 个字以内，并能最大限度地展现直播的主题与内容。

2. 直播标题直击要点

直播标题的最大作用就是让顾客进到直播间。人进来得越多，产品就越有可能卖得多。没有信息量的散文式标题会显得空洞无物，而有趣、有重点、有新鲜感的直播标题则可以吸引更多的人观看。在设计直播标题时，要准确定位直播内容，抓住顾客的心理，将顾客最关注的主播亮点、产品亮点、促销亮点放在标题中。以下为做好直播标题的三个技巧。

技巧一：包含关键词。

将关键词写在直播标题的最前面，让顾客一眼就能关注到。特别要注意的是，在直播标题中，不宜出现不实宣传或与打折有关的词汇，如秒杀、清仓、甩卖、万能、独一无二、销量冠军等。

例如，农村电商直播主要以农副产品为主，那么直播标题可以围绕物美价廉、品质、口味等来写，如“大美彝乡，一品好橙”“怡味枇杷，流入千万家”等。

技巧二：贴合顾客需求。

在直播行业中，顾客的多少决定了直播的火热与否，没有人气的直播间是无法长久维持的。因此，直播主题的策划要从顾客的需求角度出发。

例如，如果顾客的需求是购买有机食品，那么直播标题就可以围绕这一需求来写，如“善用富硒土地，积累长寿食健”“菜一流，一流菜”等。

技巧三：激发顾客好奇心。

在做直播标题策划时，可以加入一些带有新鲜感的引爆词，如“逆袭”等。同时需要注意，激发顾客好奇心的前提是不能触碰社会道德底线。严禁使用涉及法律、法规、道德伦理、国家政治、民族利益等的内容。

例如，在策划直播标题时，可以融入主播个人的人生经历，如“农村小伙卖苹果逆袭”等。

3. 直播预告扣人心弦

直播预告是向顾客宣传直播活动的重要方式。在开始直播之前，可以提前发布直播预告视频，让更多的顾客知晓要直播了，同时可以在预告中提前告知直播会为顾客准备哪些惊喜或者会出现哪些产品，以提高顾客的期待值。

例如，在“6·18”和“双十一”之前，有的主播会在小红书、抖音等平台上进行直播预告，甚至会对将在直播间出现的产品进行分类讲解，如“6·18 攻略”“热门卸妆 & 洁面产品合集来咯”等。

二、选择宣传形式

要想有效地宣传直播活动，必须将目光放长远一点，不能只盯着单一的宣传形式。软文宣传、短视频宣传等都是很好的宣传方式。尽管这些宣传方式比较费工夫，但它们能够整合多个平台的资源，最大限度地吸引流量，从而达到理想的宣传效果。

1. 软文宣传

软文是由企业的市场策划人员或者广告公司的文案人员负责撰写的。相比一般的广告而言，软文宣传更具有隐蔽性，追求以柔克刚、润物细无声的宣传效果。目前软文宣传已经非常普及，无论是跨国企业还是个人网店，都在进行软文宣传。

常见的软文宣传中，有故事软文，即通过讲述一个完整的故事来带出产品，让产品的“神秘感”和“光环效应”给顾客带来强烈的心理暗示，从而使销售成为必然；有情感式软文，即借助情感引起读者的共鸣，从而走进顾客内心，将产品更好地带给目标顾客；还有新闻式软文，当一个事件被热议的时候，与此类新闻相关的软文往往都会抢占头条，增加软文的曝光量。

例如，在公众号“淘农村”上有许多推荐农副产品的软文（图 2-11），该公众号还提供一些爱心助农副产品的信息和购买渠道。

图 2-11　公众号“淘农村”的软文宣传

2. 短视频宣传

短视频宣传是当前主流的宣传方式，在开播前，发布与开播相关的短视频，能够为直播间引流。

短视频包含了精美的内容设计、对话设计与巧妙的后期剪辑。通过短视频，可以与顾客进行很好的双向互动，击中顾客的痛点或者需求点，最重要的是能够用最低的成本实现最高效的传播。短视频宣传能够实现精准营销，同时还便于对营销的效果进行数据化的跟进。

例如，新疆助农带货主播疆域阿力木会在哔哩哔哩、抖音上发布直播过程中有趣的片段，随着视频的传播，越来越多的人涌入直播间，带货的蜂蜜销量也翻了好几番；石榴哥会在抖音上发布很多有关石榴产地、石榴采摘等与农副产品相关的视频。

3. 明星代言宣传

直播需要流量，而明星本身就自带流量。我们常看到明星在不同的直播间宣传自身代言的产品或者在直播间与顾客互动，从而达到吸引顾客、增加流量、完成带货的目的。

明星代言是品牌宣传中最常见的方式。品牌方选择符合品牌特性的明星，而明星将自己的明星效应又赋予品牌，让品牌在短期内依靠流量建立影响力，快速开拓市场。

例如，李子柒为螺蛳粉代言，并创立了自己的螺蛳粉品牌。该品牌的螺蛳粉一度在淘宝等平台大卖，现已成为螺蛳粉品牌中的新兴之秀。

三、选择宣传频率

在直播宣传的过程中，宣传频率是值得高度重视的要素。如果宣传次数过少，在激烈的竞争之下就无法给顾客留下深刻的印象；而如果宣传次数过多，又可能会影响直播的质量，让顾客失去新鲜感。因此宣传频率是农村电商直播从业者需要认真考虑的问题。那么，应该如何开展直播宣传呢?

1. 大型节日活动宣传

大型节日，如“双十一”“6·18”、春节等的活动，一般宣传期在 20～30 天，其中 7 天为一个宣传周期。农村直播电商从业者可以按照平台的活动规则，按照 7 天一个周期不断加大活动的力度，提高活动的宣传频度，从而不断地对顾客的内心造成冲击，使顾客产生期待、形成购买欲。

2. 日常宣传

进行电商直播活动需要保证一定的直播宣传频率，较高的宣传频率与时长积累能够提高直播间的曝光率，吸引更多的流量，同时还能够增加直播间的权重。这就像做短视频一样，如果账号本身的权重不高，长期没有活动，账号就会变成僵尸号，短视频就不会被平台推荐给更多的顾客。因此，农村电商直播从业者可以按照时间进行规划，如每周一、周三、周五进行宣传，或者周内少宣传、周末多宣传，等等。

第六节　预告开场要记牢

以前的产品销售方法是“酒香不怕巷子深”，而如今随着市场竞争越来越激烈，顾客的选择越来越多元化，如果不吆喝，“酒香也会怕巷子深”啊！那么，应该怎么“吆喝”呢？

好的开始就是成功的一半。直播开场准备是为了直播能有序开播、精彩开播，它包括直播预告准备、开场语准备。

一、直播预告准备

开播前的预告是直播的关键内容。主播在直播前发布预告，能够更好地让顾客了解即将直播的内容、时间、产品推出顺序等信息，使顾客有个心理准备。开播前，主播可以根据直播目的，精心设计海报、软文，并且多渠道地进行宣传。如果太过于依赖某一个渠道的宣传推广，就会忽视多渠道结合，影响自己的曝光度和流量。

建议农村电商直播从业者充分运用微博、微淘以及微信公众号等平台，只要是能触及顾客的地方，都可以试试。抖音、淘宝等大平台已经从流量思维转移到了用户思维，农村电商直播从业者可以通过这些平台的大数据做好客户细分工作，精准推送农副产品信息，培养自己的私域流量圈。

直播预告应该包括以下几个要点。

（1）直播时间：预告何时进行直播，方便顾客提前进行直播预约。

（2）产品信息：预告本场产品信息，方便顾客提前了解、浏览产品，增加曝光量。

（3）预约关注：顾客预约后，我们可以在直播开始前通知顾客，增加观看人数。

（4）标题和文案：好的标题和文案更能吸引顾客驻足，并产生购买冲动。

二、开场语准备

开场语是直播的序幕，也是与顾客沟通的第一步。主播可以与进入直播间的顾客打招呼，并且向新顾客再次做自我介绍，对他们的观看和关注表示感谢；也可以与顾客聊天，活跃气氛，预告接下来的产品信息。

开场语应尽量活泼有趣，语言积极向上、充满正能量。以下是几种直播时常用的开场语。

例 1：“关注主播不迷路，主播带你上高速！喜欢主播的记得点个关注噢！”

例 2：“欢迎来到我们的助农亲彝直播间，我是今天的主播小彝。今天我们的直播时间是从晚上 7 点到 11 点。今天直播间的主要福利有彝族地区特色会理石榴、昭觉洋芋，重点推荐的十款产品已经上链接了，等下我们也会一一讲解，进直播间的宝宝们不要走开噢！还有更多惊喜福利等着大家！”

例 3：“各位直播间的兄弟姐妹们大家晚上好，欢迎来到我们今晚的石榴专场直播间，我是今天的‘石榴妹妹’小丽，接下来的 3 个小时，将由我来给大家讲解今天石榴专场的特殊福利，大家多多关注噢！”

例 4：“咱们关注主播不迷路。烧点儿水泡点儿茶，来和主播慢慢拉。人间自有真情在，点个关注就是爱！”

第三课

电商直播带货秘诀

2019年，各家电商平台势头十足，都想要借力直播实现新的飞跃。同时，农村电商也趁势而上、发展迅速，很多特色农产品都通过电商直播平台进入城乡居民的家里。“电商＋直播”已是现在农产品销售的一种常见形式。本课将学习电商直播带货秘诀。

这里所说的电商直播带货秘诀主要包括五个方面：清晰的账号定位、鲜明的主播人设、高效的直播团队、良好的直播互动和真实的购物体验。

思维导图

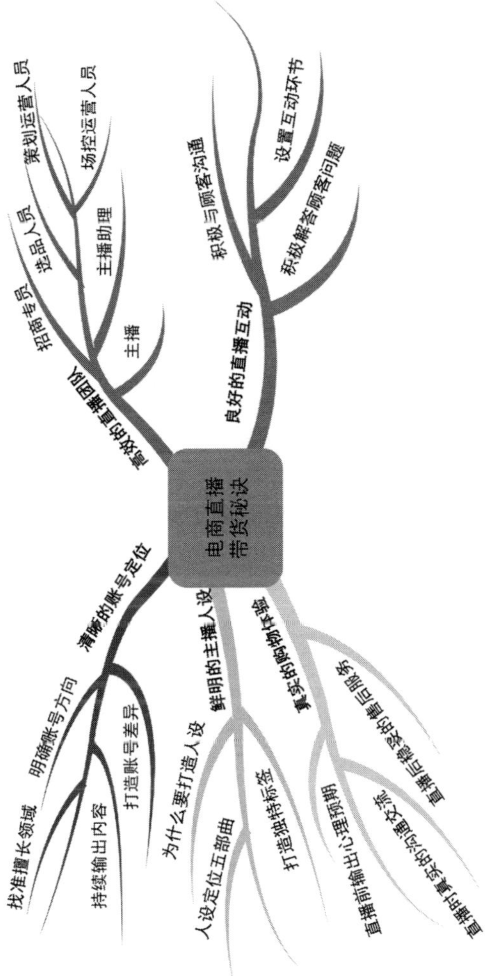
电商直播带货秘诀
高效的直播团队
招商专员
选品人员
主播助理
策划运营人员
场控运营人员
主播
良好的直播互动
积极与顾客沟通
设置互动环节
积极解答顾客问题
清晰的账号定位
明确账号方向
打造账号差异
找准擅长领域
持续输出内容
鲜明的主播人设
为什么要打造人设
人设定位五部曲
打造独特标签
真实的购物体验
直播后稳定的售后服务
直播前输出心理预期
直播时真实的沟通交流

第一节　清晰的账号定位

做一个直播账号之前，一定要有清晰的账号定位。是公益助农，还是售卖特产，还是根据主播的幽默性格做搞笑卖货？这些都是一个成功账号的运营需要考虑的问题。

一个直播账号的强弱，跟这个账号定位的精准与否有着直接的关系。主播是账号的载体，也是流量的载体，而账号是流量的聚集地。账号定位越垂直、越精准，吸引到的顾客也越精确、越优质。

抖音账号：退伍归山。

该账号的内容主要是一位老兵退伍后，通过在绿油油的农田里直播、趴在鸡窝里卖鸡蛋等，帮助农户打开销量。他在2021年11月1日发布了第一条短视频，随后便开始了农副产品直播。直播中，他以森林为背景时常引来观众直呼："这是不是搭建的绿幕"，"这是搭建的直播间吧"，后来他又凭借卧在鸡窝里卖鸡蛋迅速出圈。新账号开播仅7天，在线观看人数就达到3000人以上，销售额已破万元，该账号未来的潜力无穷。

这样的“走红”和成功绝非偶然，前期必然需要对账号进行精准定位。下面我们来分析一下这个账号的成功之处。

首先，作为退役老兵，其本身就具有光环效应，容易让人尊敬和崇拜，观众的信任度和好感度就会很高；同时，扶贫助农项目又体现出高度的社会责任感，自然会吸引无数观众。其次，主播真诚的直播风格、“趴在鸡窝卖鸡蛋”这样新奇而又直观的场景又吸引了一拨观众。最后，新账号开播后，主播强调产品性价比，配合送福利等促销手段，大大提升了成交量。

由此我们可以看出，一个精准的账号定位是至关重要的。要做好精准的账号定位，可以从以下四个方面展开。

一、明确账号方向

明确账号方向，是指我们到底卖什么类型的产品，是水果蔬菜，还是农副产品？是原产直销的，还是加工再造的？我们要给观众展现什么内容？是山川田园，还是生态农庄，还是大厂生产，食品安全有保障？

就拿上面的“退伍归山”账号来讲，这个账号就是一位退役老兵以助农为目的开设的，卖的产品多是产地直销的农副产品，没有太多加工流程。所以他需要展现的就是这些农副产品的生产原始状态，也就产生了“趴在鸡窝卖鸡蛋”这样新奇的直播方式。对于观众来讲，这样新奇的方式不仅能够吸引他们的目光，更能让他们对鸡蛋的品质产生信任感，再加上直播时长两三个小时，老兵一直趴在鸡窝中，不由得让人产生敬佩之情，因而也就自然而然地愿意下单购买直播间的产品。

二、找准擅长领域

找准擅长领域，是指我们想给观众呈现的产品有哪些优势，我们的直播团队有哪些优势？这些决定了为什么我们能够有流量、有观众，也决定了能吸引哪些人关注我们的直播。

既然是农村电商直播，毫无疑问，我们的优势就在于对农副产品的了解，如对产品的播种、生长、收获以及后续的加工。这就是我们“新农人”主播的优势所在。

但只有这样的优势并不足以让我们脱颖而出。对于产品来讲，农副产品是我们擅长的领域，但售卖相同农副产品的主播很多，我们还必须拥有自身独特的优势，才能够在一众“新农人”主播中脱颖而出。每个人都有自己的优势，每个人都有自己擅长的点。例如，如果你是彝族姑娘或者小伙子，能歌善舞，是不是可以在直播间展示自己的才艺？如果你擅长做菜，是不是可以在直播间用自己的产品进行现场厨艺展示？这些都是你的优势所在。

三、打造账号差异

账号的差异，是指我们与其他账号有哪些不同、与其他同类型主播相比有哪些特色。在直播行业越来越红火的背景下，任何一个直播领域都有成千上万的人在和我们竞争。其中，不乏很多优秀的主播。

打造账号差异，就是给顾客一个关注我们直播间的理由，让顾客能够记住我们，换句话来说，就是突出我们与同行之间的不同之处。

例如，卖会理石榴。当我们打开直播平台，卖石榴的主播在短视频平台发出来的作品展现的都是在田地里的石榴，现场掰开石榴或者榨石榴汁，同质化非常严重。对于顾客而言，在没有购买之前，并不知道哪个地方的石榴好吃，也区分不出来不同产地的石榴。所以，在这样的现状下，我们需要打造一个方便顾客识别的特色，创造一个让顾客关注我们的理由。这理由可以是感人的助农故事，也可以是会理石榴软籽的独特性，又或者是会理石榴在全国的销量，等等。总之，我们需要打造一个特殊的标签，让观众在想购买石榴的时候，能够优先选择我们的石榴。

只有我们自身做出了差异化，才能让观众快速记住我们的直播间，才能更好地创造品牌价值，不断提升经济效益。

四、持续输出内容

能否持续输出内容，是我们能否持续提高经济效益最重要的一步。

在打造一个直播账号之前，必须考虑到能否保证可以持续输出内容，而并非等到农副产品快成熟了，才开始做账号。待这段销售期过去之后，这个账号等到下一年才会更新。这样的账号肯定难以维持顾客群，也较难获得持续关注，就很难产生持续的经济效益。

一个成功的账号一定会持续输出优质的内容，通过这些优质内容，不断强化我们在观众心中的印象。比如，在枇杷主产地策划今年的枇杷销售，在快要开始大规模售卖枇杷之前，在挂果甚至更早之前就开始经营账号，一直持续到直播售卖的时候。把枇杷的采摘、包装、邮寄的所有过程都记录下来，让观众有一个直观的感受，让他们有更加真实的购物体验，以此推动直播间的成交量。当然，在枇杷售卖结束后也不应该停更，哪怕同行全部停更，哪怕只有几个人的浏览量，我们仍然应该想办法输出优质内容。比如，在销售产品的同时，介绍家乡的美景，以此推动旅游业的发展；或者安排下一阶段的其他农副产品的直播分享。只要我们能够持续地分享，关注我们的顾客就会越来越多，热度就能维持，所有的积累都是为了下一次的成功。

第二节　鲜明的主播人设

主播是电商直播的灵魂。一个优秀的主播一定要具有鲜明的人设，让人印象深刻。打造鲜明的主播人设也就成了直播带货的重要内容。

那么，什么是人设呢？人设就是对主播的外貌、穿衣打扮、性格特征、语言等个人形象进行设定，从而突出主播的个性特征。在当下的直播电商中，有人设的主播会更容易在市场中突围。

一、为什么要打造人设

人设是一种标签，要想别人快速认识你，最好的方式就是给自己贴标签。打造人设，能让主播的定位更加鲜明立体，让顾客通过一个关键词或者一句话就记住你。这对电商直播营销具有重要作用。

1. 留下深刻的记忆点

好的主播人设能够给人留下深刻的印象，能够让顾客记住你，从而增强顾客的黏性，为顾客今后再次进入直播间做好铺垫。现在，想一想，你想给顾客留下什么样的记忆点呢？勤劳、搞笑、专业、可爱等，都可以成为你的直播人设。

2. 拉近与顾客的距离

主播通过立人设的方式透明化自己，以一种真心交朋友的方式与顾客做朋友，让顾客全面地了解主播日常的工作与生活，从而拉近主播与顾客心灵之间的距离，使顾客卸下心理防备，放心购买产品。

3. 提升直播间的流量

在现实生活中，我们发现一个人的人设越强就越吸引人，在直播间也是如此。有的直播间让人印象深刻，而有的直播间让人毫无看下去的欲望，造成这些差别的一个关键点就在于主播有没有人设，或者人设是否成功。如果主播人设打造得好，就更容易把顾客留在直播间，就算不买东西，也会为鲜明有趣的主播人设而留下来参与互动。

二、人设定位五部曲

千千万万个直播间，怎样才能让顾客在直播间驻足？主播在进行人设定位时，要着重考虑以下几点。

1. 我是谁

第一，确定身份。例如，主播身份可以是发起人、创始人、传播者、联合创始人等，也可以是某一个地域或者农产品的代言人等。第二，确定形象。主播在直播间的形象要统一，增加辨识度，如主播的服装、妆容，直播间的灯光、音效、布景等要统一。第三，确定名字。主播的名字要与直播主题相互呼应，能让人印象深刻最好。

2. 面对谁

进行人设定位时要考虑到顾客的地域、年龄、性格、偏好、收入状况、消费能力等方面的因素。

3. 提供的产品和服务

进行人设定位时要考虑自己提供的产品和服务是什么，在人设打造中突出主播的核心竞争力，做到“人无我有，人有我优”。

4. 解决顾客什么问题

解决顾客的需求痛点和需求热点，提供品质好的产品，等等。

例如，一个想要推广农副产品的直播间，可以根据以下四个维度来定位主播人设，见表 3-1。

表 3-1　人设定位四个维度

人设定位维度	推广农副产品
我是谁	我是一名地地道道的农民，待人诚恳，销售各类水果
面对谁	期望购买绿色水果的中青年群体
提供的产品与服务	提供苹果、橙子等当季水果，价格便宜，品质好，包装规范，运输及时
解决顾客什么问题	满足中青年群体购买绿色水果、助农帮扶的需求

三、打造独特标签

在网络快速发展的今天，直播带货从专业化走向大众化，这对主播提出了更高的要求。主播需要不断输出专业内容，在直播中展现自身独特的一面，从而在众多主播中脱颖而出，让自己的直播被顾客所熟知。

1. 挖掘自身闪光点

（1）良好的个人形象

主播就是产品最好的代言人，而主播形象是最直观的产品展示。每位成功的主播都需要对个人外部形象进行塑造，对自己的优缺点有一个清晰的认知，从而选择最适合自己的直播形象。

例如，彝族的主播在直播过程中可以身着彝族服饰，打造更具民族风格的直播间。

（2）和蔼可亲的性格

我们需要给直播间营造一个放松、欢乐的氛围。一个紧张严肃的主播，缺乏亲和力，顾客不会愿意停留。亲和力强的主播可以拉近与顾客之间距离，加深与顾客之间的情感连接，更容易与顾客建立深层情感认同。

（3）丰富的个人经历

自古以来，人们对“乡土”一直怀有深厚的情感。乡土情结也已经内化为中华民族的一种文化心理或集体意识，并蕴含着丰富的价值。农村电商从业者大多扎根于广袤的土地，待人真诚、做事勤恳。如果主播能够把自身的经历转化为优势，打造自身的闪光点，相信会吸引更多的顾客驻足。

2. 寻找自身辨识度

当直播市场逐渐变得饱和时，差异化就显得十分重要。直播间要有特色，需要主播有较高的辨识度，也需要主播找到属于自己的专属标签。

例如，刘畊宏的健身直播火了，各大社交平台上跳“毽子操”“拳击操”“蹲腿操”的人越来越多，爱健身的人也越来越多。作为演员，刘畊宏出道多年一直都不温不火，然而仅仅一个月便因为他跳的“毽子操”爆红，触发了人们想要运动的念头。于是刘畊宏的标签锁定在了“网红健身教练”上。

3. 多种语言风格

主播的语言风格对于直播营销有着很大的影响。主播明快的声调、积极的态度会带动整场直播顺利进行，幽默恰当的语言会让直播氛围变得轻松愉快，为主播赢得更多成功的机会。

主播的语言不仅要做到雅俗共赏、老少皆宜、男女同好，还要因地制宜、因时制宜。当然，最重要的是要以顾客为中心，不能自说自话。

例如，当主播是藏族或者售卖的产品是藏族产品的时候，可以适当使用民族语言，如“扎西德勒”等。

例如，来自新东方直播间《东方甄选》的英语老师董宇辉在进行产品介绍时，富有文化魅力的带货方式吸引了众多网友的目光。比如，在卖火腿时，他说：“是风的味道，是盐的味道，是大自然的魔法和时光腌制而成的。”董宇辉老师流利的英文口语，信手拈来的文化诗词让大家觉得柴米油盐也变得富有诗意，获得了广大网友的喜爱。

4. 内容可持续性

主播人设一旦树立，就需要通过直播与视频内容维系与顾客的联系，需要对人设进行整体规划和持续贯彻。

一旦确定了人设，就不能够随意改变，更加不能胡乱跟风和追热点，只有长期的坚持才能够给顾客形成清晰的形象。账号发布的每条视频，与顾客之间的每个互动都是人设打造的一部分，需要有源源不断的内容来支撑主播的人设。因此制作的内容要具有可持续性，不断强化顾客特别是新顾客对主播的印象。

第三节　高效的直播团队

现代商业发展都强调团队的作用。直播不是一座孤岛，优秀的主播背后往往有一个高效的直播团队。例如，像董宇辉这一类主播，其背后有一个强大的东方甄选团队。因此，电商直播带货不是独角戏，一场有效的直播背后少不了一个高效的直播团队。

高效的直播团队主要包括招商专员、选品人员、主播、主播助理、策划运营人员和场控运营人员等。下面将从这几个方面介绍如何打造一个高效的直播团队。

一、招商专员

招商专员是关系到直播带货供应链问题的关键岗位。直播间的产品能否持续更新？产品成本能否降低？产品类型能否满足市场需求？这些问题能否解决都取决于招商专员的履职能力。

随着直播带货行业的不断发展，具备完整供应链的发展模式势在必行。与传统的电视购物相比，直播带货这一新型销售模式，更多地考虑了顾客对产品的价格、质量等方面的关注。就电商直播而言，还会更多考虑产品的供货周期、供货链等。在直播过程中，为了满足产品持续更新、价格低廉等要求，很多电商已经通过组建专业的招商团队直接对接产品的厂家，跳过传统的经销商加价的过程，从而达到产品能够持续供应的同时降低产品成本的目的。因此，组建专业的招商团队，对于产品选品、产品的长期有效供应都具有重要的意义。

在组建农副产品电商团队时，可以考虑以村、区为单位，或者由政府出面，以县、市某一农产品的生产者为单位，进行集中管理，形成区域效应、规模效应。比如，有的地方政府打造电商一条街等。

二、选品人员

选品人员是关系到产品是否能适销对路，是否能满足顾客消费预期的关键岗位。电商的本质是做产品销售，而只有好的产品才能使直播间的销量更好。因此，打造一场高质量的直播，必然少不了高质量的选品团队。近几年，在直播带货过程中，假货现象层出不穷。这些现象一方面严重妨碍了直播行业的可持续发展；另一方面也从侧面证实了选对产品对于电商直播的良性发展具有重要的现实意义。要想直播之路更长久，关键是要转变思想观念，提升产品的竞争力。并不是每个商家的产品都可以进入直播间，能够进入直播间的产品一定是符合直播间定位的高性价比的产品。因此，好的直播需要组建一支负责研究产品和解决顾客问题的专业化团队，做好产品质量把关这一环节。

三、主播

主播是推进直播间产品销售的核心。直播间的产品及氛围都需要通过主播来呈现。因此，主播的能力和素养十分关键。

1. 主播人才特质和能力要求（表 3-2）

表 3-2 主播人才特质和能力要求

树人设	打造具有自身特质的主播人设，包括固定的服装、饰品、妆容、语言风格统一等
懂产品	了解和熟悉产品行情以及产品卖点
强表达	有较强的语言表达能力，无论是用方言还是用普通话，都要让顾客听清、听懂、听动情

2. 主播直播工作要求（表 3-3）

表 3-3 主播直播工作要求

直播前	了解所带销产品的基本信息，找准产品的卖点，编制营销话术，为产品营销打好基础
直播中	直播过程中，一是要展现自身的亲和力，吸引和留住顾客；二是要在直播过程中对产品进行专业化讲解；三是要做到与顾客的实时互动
直播后	做好直播复盘，做好售后，总结经验和教训

四、主播助理

主播助理主要是帮助主播协调处理各方业务。在直播过程中，直播间可能会出现很多复杂的问题。为了让整场直播更加顺畅和成功，电商主播离不开得力的助理的帮助。比如，主播助理可以在直播过程中辅助主播及时与商家和平台进行沟通、帮助主播做好产品展示、引导直播间顾客购买产品以及协助做好直播间运营工作等。

具体而言，主播助理的工作内容见表 3–4。

表 3–4　主播助理的工作内容

直播前	同选品人员积极对接直播中将要销售的产品信息；积极同直播脚本编写成员确定产品脚本和上架顺序等信息；确定优惠券的发放时间和方式；做好直播前的设备测试等工作
直播中	协助主播及时做好产品链接的更新，发放优惠券；及时帮助主播回答直播间观众的问题；做好产品的上下架以及产品的售后服务工作，灵活处理直播进程中的各种突发事件，为顾客带来更加人性化的服务体验
直播后	作为直播的全程参与者，要协助团队做好直播复盘工作，处理好订单信息，并积极协调做好下一次的直播准备工作

五、策划运营人员

随着顾客对直播行业的要求不断提高，直播带货涉及的工作内容日益细化和复杂化，这势必需要策划运营人员，打造一支更为专业的策划运营团队，更好地协调各部门做好直播销售的相关工作。

直播策划运营这一岗位，要负责策划直播主题和直播内容，提升直播的整体效果；要做好直播时间规划、直播间粉丝数量的流动监控、直播间人气互动软件运用等工作。

1. 设计直播脚本

直播效果的好坏取决于直播脚本的设计。好的直播脚本包括了对直播产品、直播活动的爆点、直播流量投放等内容的详细策划。因此，面对更加多元化和专业化的营销环境，为更好地吸引顾客进入直播间，我们要组建一支专业的直播脚本编写团队，使直播前、直播中和直播后的所有程序做到有序、有规划。这不仅有利于主播更加有条不紊地做好整场直播，避免直播过程中出现冷场，还有利于进一步增加直播间的流量和人气。

2. 实时跟进直播进程

策划运营团队除了肩负直播脚本的编写任务，还承担着直播活动的实时跟进工作。策划运营团队需要在各大社交平台分享直播链接，以此确保顾客在每个平台都能顺利进入直播间。此外，策划运营团队还要及时反馈直播过程中的需求与问题，协助处理主播遇到的相关难题，更要关注顾客的问题，协助主播、主播助理、场控运营人员共同处理和解答顾客的疑问。

3. 直播流程复盘

在整场直播中，复盘工作是最后一步，也是很重要的一步，是对经验的凝练和总结。做好复盘可以极大地改善下一次直播策划活动，使下一次的直播更加完善。而做好直播流程复盘，一定要从以下三个方面入手，见表 3-5。

表 3–5　直播流程复盘

跟进反馈	收集和整理所有直播间工作组成员的反馈信息，了解各部分工作中存在的难点，并在此基础上做好技术和方案更新，避免下次直播中出现相似的问题
收集整理后台数据	要准确掌握直播间粉丝数量变化情况，调整直播方案；做好产品销售量统计，为招商和选品提供更为可靠的数据；做好产品售后服务数据的收集和整理，解决顾客的后顾之忧，更好地留住新老顾客
撰写总结	按照各岗位的工作特点，撰写工作总结报告，为更好地优化直播活动做好充分准备

六、场控运营人员

场控运营人员可以起到优化直播间观看体验的作用。场控运营人员在直播过程中不仅承担着与顾客互动、活跃直播间氛围的职能，还承担处理“黑粉”和恶意虚假广告问题的责任。为更好地确保主播保持直播节奏、增强直播间顾客体验感、有效提升电商直播的转化率、做好保障工作，场控运营人员需要做好以下工作。

1. 维持直播间秩序

一方面，场控运营人员要及时发现直播间弹幕中是否存在恶意虚假广告等现象，及时做好信息控制，避免破坏顾客的观看体验；另一方面，要防止直播间顾客与顾客之间言语过激造成矛盾，及时清除恶意挑起言语矛盾的人，更好地营造风清气正的直播氛围。

2. 调节直播间氛围

场控运营人员要仔细观察和主动配合主播的直播节奏，并且协助主播和主播助理做好直播间气氛调节工作。利用平台软件，发布弹幕引导直播间观众进行话题讨论，在活跃氛围的同时，了解顾客的消费观念和消费需求。

3. 做好与顾客的互动

主播在直播的过程中，无法全方位兼顾顾客的留言和弹幕。为了不影响顾客互动的积极性、提升直播效果，场控运营人员要及时做好与顾客的互动交流工作，让顾客感觉到被重视，从而帮助主播更好地吸引新顾客，留住老顾客。

综上所述，一场成功的电商直播有必然的因素，也有偶然的因素。每场直播都需要提前做好计划。怎么做好一场符合我们人设的直播是非常值得思考的问题。对我们来说，除了要在直播的时候保持热情，在介绍产品的时候能准确传达出产品的价值，会用销售术语让顾客拥有持续观看和互动的意愿，还需要对每场直播做出精心的策划安排。策划内容涉及以下方面：一场直播要卖哪些产品？产品的排列顺序是如何安排的？每款产品介绍多长时间才算合适？不同的产品要通过什么样的形式来介绍？怎么才能与顾客展开有效的互动？如果出现了某种问题，将会有什么样的应急预案？是否需要场控运营人员管理秩序、烘托气氛？把每场直播当成一场演出，精心组织、慢慢积累，就一定能够打造出一个令人满意的直播大V号。

第四节　良好的直播互动

直播最大的优点就在于实时互动，互动是成功的电商直播带货的关键秘诀之一。平台顾客是购买产品的主要对象，要想吸引更多的忠实顾客，培育更多的潜在顾客，我们就要积极地跟顾客进行沟通互动、解答顾客疑问、设置丰富的互动游戏。只有这样，才能吸引更多顾客的关注，提升直播间人气，卖出更多的产品，助力乡村振兴，创造更美好的幸福生活。

一、积极与顾客沟通

积极互动、有效沟通是增强直播间人气的关键。主播在直播的过程中，应态度积极，尽快形成自己的沟通风格，适时有效互动，达到留住顾客、增长人气的目的。

1. 形成独特的沟通风格

沟通风格，是指主播在沟通过程中习惯化的行为方式。它与主播个人的特点有着密切的联系。每种沟通风格都各有优缺点，要尽量规避自己沟通风格的缺点，积极发挥自身的优点。常见的沟通风格主要有四种，分别为驾驭型、表现型、平易型和分析型。下面将这四种沟通风格的优缺点（表 3-6）进行对比。

表 3-6　四种沟通风格的优缺点

序号	沟通风格	优点	缺点
1	驾驭型	注重实效，具有非常明确的目标。在沟通过程中，这种沟通风格的主播一般精力旺盛、节奏快，说话直截了当，动作非常有力。因此，比较容易向顾客传递活力	这种沟通风格的主播会显得咄咄逼人，因为更关注自我观点，可能会忽略顾客的感受
2	表现型	性格外向热情，充满活力和魅力。这种沟通风格的主播喜欢和顾客交流，并具有丰富的想象力，擅长利用表情和肢体语言，将热情传递给顾客	这种沟通风格的主播有时候过多、过分的自我表现反而适得其反，易引起顾客的不适感
3	平易型	这种沟通风格的主播具有协作精神，对顾客真诚，甚至能够为直播效果而牺牲自己的感受。他们对顾客和蔼、有耐心	这种沟通风格的主播有时候过多的回避态度反而让顾客感到失望
4	分析型	这种沟通风格的主播擅长理智分析，做事严谨而循序渐进，喜欢准确把握顾客的感受	这种沟通风格的主播在沟通过程中容易表现得不够主动，不太愿意表露自己的情感，也不善于情绪表达

以上四种沟通风格不一定是独立存在的，如果每位主播在直播过程中，能够做到尽力规避每种沟通风格的弱点，尽量发挥其优点，必定会受到顾客的喜爱，拥有更多的忠实顾客。

2. 引导顾客互动

直播不是独角戏。主播要把顾客吸引进来，参与聊天活动，激发他们的互动热情，增加直播间的人气，让大家都有参与感。下面简单介绍几种引导顾客互动的主要方式。

（1）话题引入

主播可以向大家抛出一个话题，引导大家参与讨论，从而增加顾客的兴趣点。可以从近期热点话题，或这场直播的相关主题入手，吸引大家的兴趣。但切记不可谈论敏感问题，不要讨论一些尚未得出结论的社会热点问题，因为这些问题风险较大，可能会对直播间声誉造成一定影响。

（2）悬念引入

主播可以巧妙地运用语言、动作制造悬念，既避免顾客的注意力分散，又进一步激发他们的好奇心，让他们能够积极参与讨论。例如，“大家想知道彝族火把节有哪些特色活动吗”“大凉山土豆能做出什么花样的吃法呢”等，通过这些问题引发良性讨论，为直播间积攒人气。

（3）话语互动

当发现直播间顾客的参与热情不高时，主播就要主动运用自己的语言和动作激发大家的参与热情，慢慢引导顾客的情绪。话语互动是主播与顾客进行交流的最主要方式。进入直播间后，主播可以直接与顾客打招呼，用连麦互动的方式与顾客进行交流，或者在屏幕聊天界面发送语音，等等，这些都可以成为主播和顾客沟通的方式。如果主播有才艺，可以通过才艺展示再次吸引大家的关注，比如，唱一首歌、表演一段舞蹈、展示自己的画作，或者讲一段脱口秀、说一段自己的有趣经历，等等，这都可以作为一名优秀主播的标签，用来吸引更多的顾客。

（4）行为互动

主播可以积极引导顾客，如在直播界面点赞等。有些顾客需要主播的主动引导，所以主播需要主动起来。一般而言，如果主播能够正确引导，直播间就能形成良好的互动氛围。

（5）倾听互动

当顾客主动与主播连麦互动时，主播要认真倾听顾客的问题，了解他们的需求。在此过程中，主播首先需要懂得尊重，然后认真倾听，最后积极回应。例如，主播可以说“你的想法极棒”“我能明白你所讲的”。如果在直播的时候，主播能和顾客亲切交流互动，就一定会提升主播的形象，得到顾客的好感，从而逐步积累直播间人气，提高平台的顾客黏性。

二、积极解答顾客问题

主播在互动环节要积极回答顾客的问题。顾客提出的问题主要包括以下五个方面。

1. 产品质量问题

网上购物的时候很多朋友都会咨询产品问题。其中，产品质量是最主要的问题。以四川省凉山彝族自治州为例，主要涉及彝族洋芋的新鲜度与营养成分、彝族特色腊肉香肠的质量、彝族漆器的做工质量、彝族服饰的面料质量、当地水果的新鲜程度与营养成分、当地生态猪牛羊肉质等问题。其实，顾客都比较关心食物好不好吃、特色手工艺品的耐用度强不强、产品实用性高不高等一系列问题。主播在看到屏幕上提出的这些问题时，要耐心如实地解答顾客的疑问，打消他们购买的顾虑。只有解答好产品质量的问题，才能更好地引导顾客进一步购买产品。

2. 产品生产或种植问题

直播间的产品是如何生产或种植的？这是顾客普遍关心或好奇的问题。例如，在四川省凉山彝族自治州，广大农村地区的群众主要喂养牛、羊、猪、鸡，种植高山洋芋、苦荞、玉米，栽植樱桃、桑葚、苹果、枇杷、石榴等，有的地方生产彝族特色服饰和其他特色手工艺品。主播可以在果园里、手工坊内、风景区中直播，让顾客真实地感受到彝族地区的果树规模、手工艺品的制作过程，同时欣赏彝族地区景色。

3. 产品物流运输问题

大家都知道，有的农副产品地处高山深谷，因此交通问题是最大的障碍。物流能否保证，是农村电商从业者们需要考虑的问题。当顾客在网上选购产品时，主播应该及时解答顾客关于产品能否以最快的速度到达顾客手里的问题。例如，四川省凉山彝族自治州，地处四川省西南山区，交通一向是社会经济发展的一大痛点。但是现在，其首府西昌已有通航机场，成雅、雅西高速公路已建成通车，正在建设成昆复线以及正在规划修建西昌至香格里拉、宜宾至攀枝花高速公路，航空、公路、高铁交通网络不断完善。逐渐改善的交通条件为四川省凉山彝族自治州电商产业的发展创造了良好条件。而且，凉山州邮政管理局深入开展邮政下乡进村工作，2021 年年底，凉山州民营快递乡镇覆盖率已达到 80%，“快递进村”达到 65%；2022 年年底，凉山州民营快递乡镇覆盖率要达到 100%，“‘快递进村’要达到 85% 以上，还将通过直接设点、邮快合作、交邮交快合作、快商合作、政邮政快合作及其他合作方式推进凉山州快递下乡进村工作”。所以，随着凉山州的物流不断提升速度和逐渐成熟，四川省凉山彝族自治州货物可以及时安全地运送到顾客的手里。因此，我们可以在直播间明确告知顾客产品抵达的时间，以消除顾客的顾虑。

4. 产品退货、退款问题

产品退货、退款是电商运营中不可避免的问题。如果产品在运输过程中出现损坏或质量问题，顾客可以在购物平台及时发起退货，如果退货事由属实，商家会把实际支付费用按原渠道及时退回。同时，请各位电商创业者一定要明确，不论采用哪一种经销模式，都要遵守信用，合法合规地进行产品的买卖与交易，切实保障顾客的合法权益，及时完成产品退货、退款。

5. 询问其他问题

在主播与顾客的交流过程中，难免有些顾客会对主播个人信息有些好奇，有可能会问到主播的家庭情况、教育背景、爱好特长以及家乡的民俗文化。这些都是一些常见的问题，主播在遇到这些问题时，不用紧张，真实解答即可。但是，也要及时把直播引回主要内容上。

三、设置互动环节

为了更好地拉近主播与顾客的距离，可以在直播间设置一些活动，如包邮、折扣或半价、秒杀、口令游戏、红包游戏等，增加顾客的参与感。

1. 包邮

主播在直播带货的时候，可以用产品包邮的福利来吸引更多的顾客，把福利在直播间的公屏上挂出来，放在最醒目的位置，唤起顾客的购买欲；也可以用满额包邮之类的方式，增强直播间顾客的购买欲，促进销量。

2. 折扣或半价

主播在直播带货的时候，可以利用“双十一”“双十二”这些购物狂欢节，民族节日或纪念日，等等，开展满减活动，或者直接用产品半价优惠活动吸引直播间顾客。因为大家都会对打折产品非常敏感，肯定会留意半价产品，在合适时机进行消费，主播要充分利用顾客的这种购物心理。

3. 秒杀

秒杀活动就是在极短的时间里抢购非常实惠的产品。大家平时在网购的时候，经常会遇到商家用秒杀活动的营销方式，采用秒杀活动就是要用低价来吸引大家抢购。例如，主播可以在直播间利用秒杀活动，推销我们彝族地区的特色产品，从而打开市场并赢得一定的口碑，积累一定的顾客。

4. 口令游戏

口令游戏就是在直播的时候，主播和顾客运用成语接龙等方式进行互动。主播也可以采用其他方式大力引导顾客参与活动，比如，跟着主播学习普通话、练习口语操以及绕口令等。

5. 红包游戏

红包游戏就是主播在直播间发放红包福利。当直播开始一段时间后，许多顾客会觉得无聊。为了缓解直播间的沉闷气氛，主播可以向顾客发放红包，还可以线上抽奖送礼品，这些方式都可以营造直播间的欢快氛围。在顾客活跃度低的时候，通过发放红包的方式，给顾客一些福利的互动方式，可以增加顾客对主播的好感。

第五节　真实的购物体验

不同于实体店的购物模式，网络购物只能看，不能摸、不能试，体验感比较差，顾客难免会有一定的距离感。解决这个问题最好的方式就是增强顾客的体验感。

为什么电商直播能够“大火”？正是因为直播购物可以通过多角度、多方位展示产品，通过对产品形象化的描述，在一定程度上解决顾客体验感较差的问题，缩短电商与顾客之间的“距离感”。用图片或者视频展示产品是购物网站常用做法，电商主播可以用形象的比喻和假设，搭配自己的表情和身体动作表现，将试吃、试用之后的感受清晰地传达出来。主播可以在原产地亲自试吃、试穿、试用，及时与顾客互动，解决顾客提出的各种问题，让顾客得到最真实的购物体验。总的来说，直播最大的优势在于真实，无论是在产品的试用环节还是直播中与顾客之间的互动环节，主播的一举一动都是真实的反馈与呈现。

对于网上的农产品，最受观众质疑的就是这些农副产品会不会是集约化、工厂化生产的“农产品”。那我们就需要抓住顾客的这一心理，用直播带顾客们走进乡村老屋、田间地头，现场上演抓土鸡、捡土鸡蛋，又或者策划现场割农家蜂蜜、手工炒茶叶等活动，让顾客真真切切地看到这些农副产品的生产过程，打响原生态无污染的农副产品的名号，给顾客带来最真实的购物体验。

如何营造真实的购物体验呢？我们分别从直播的前期、中期、后期来讲述三个要点：第一点是在直播前输出心理预期，具体包括时间预期与产品预期；第二点是直播时真实的沟通交流，也就是要与直播间顾客进行的真实互动；第三点是直播后稳妥的售后服务，也就是售后服务需有真人对接。

一、直播前输出心理预期

直播前输出心理预期就是在直播前给顾客一定的心理预期，这样的心理预期可以是时间预期，也可以是产品预期。

例如，“双十一”已经成为一个消费狂欢的重大节日，是一个典型的时间心理预期案例。此外，还有春节、元宵节，又或者彝族的火把节，等等，这些节日不仅有庆典仪式，还在一定程度上带动了直播电商平台的销售。从本质上来说，这些节日会给顾客一个心理暗示：我最近有什么消费需求吗？直播间会不会有更大的优惠力度？以前关注过的直播间最近卖不卖这个产品？

可以预告在整点下红包雨，或者在某个时间节点抽奖，等等，这也是吸引顾客、提升直播间热度的方式。我们也可以提前向顾客告知本场直播的产品，让顾客了解产品的特点，以便顾客可以在直播时快速决策，或者分享告知有同样需求的亲朋好友。一场电商直播大约3个小时，多数顾客不会在直播间待这么久，所以主播一般都会在开始前、直播过程中和结尾后，或者其他公开的位置如个人动态等，预告本场直播产品或者下期主打产品，这样能提前锁定对这些产品感兴趣的顾客，充分体现直播预告的重要性。

在直播前期的准备越充分，直播时的确定性因素就越多，其对应的成功率也就越高。精心的准备、用心的直播预告既是对顾客的尊重，也是对电商直播这份职业的尊重，还是增强直播真实感最核心的要点。

二、直播时真实的沟通交流

在线下购物，顾客可以看到实实在在的产品，有问题随时能咨询商家。而在直播购物中，就需要农村电商直播从业者利用各种即时交流工具，展现产品甚至应用场景，为顾客带来“真实”的购物体验。这其中最大的挑战就是如何充分利用直播实现即时的沟通交流。

农村电商直播从业者主打的是农副产品的售卖，为了突出真实感，可以展示一年四季中农产品的播种、生长、成熟、采摘等过程，在田间地头展示农产品的生产过程，并且现场与直播间的顾客进行互动，顾客有什么疑问、好奇，可以随时随地给予讲解，问什么答什么。如顾客说从树上采摘一个新鲜的橙子剥开看看，我们也可以立刻实现，这就能为顾客带来真实的购物体验。比如，在华农兄弟的直播间里，华农兄弟作为赣南地区的农村直播代言人，在万亩赣南脐橙园里进行采摘和试吃直播，把橙子的色香味充分展示给直播间的观众。再如，在推广漂亮的民族服饰时，根据直播间顾客的要求，我们可以现场找到不同类型身材的人来进行试穿，给顾客提供试穿者的身高、体重、三围等一系列数据。这也是实现真实交互、提升真实购物体验的一种方式。

三、直播后稳妥的售后服务

有销售就会有售后，有产品就存在出问题的可能性。直播结束并不代表直播购物的体验结束，实际上，直播购物的体验永远不会结束。前面说到电商直播的关键是建立农村电商直播从业者和顾客之间的信任关系，每场直播的时间是有限的，只有做好售后环节才能促使顾客再次光临。

农村电商直播从业者一定要做到售后服务有真人对接。顾客在购买完产品之后如果发现问题给农村电商直播从业者反馈，农村电商直播从业者就要及时回答，或者通过其他方式（如退换货）来解决，保证顾客满意的购物体验。如果是公益助农项目，农村电商直播从业者需要认真负责，把项目的进展如包装的过程、发货的过程以及产品的实际用途通过各种方式展现出来。直播展示不完全的，后续可以在抖音、微博等各种平台发布短视频让顾客了解，这都是农村电商直播从业者在直播之后所需要做的深度服务。

稳妥的售后服务是做好电商直播的重要法宝。顾客对产品有什么疑问和意见、怎么选择产品更合适、对直播的过程有什么意见和建议等，都是售后常见的交流话题。我们要尽量做到及时回应，积极解决。

要是直播时出错了千万别慌，有问题一定要主动沟通。直播后的交流是增加客流量的机会。如果直播后的沟通做得不好，那么有可能失去顾客。因此，直播后稳妥、完善、有温度的售后服务，也是直播带货的秘诀之一。

第四课

直播流程方案需详细

一场完整的直播活动，需要一个详细的直播方案，尤其是需要捋清楚流程。合理的直播方案与详细的直播流程，能够让直播团队的成员更好地明确自身职责，让直播变得更加高效，最终取得令人满意的结果。下面将按照直播前、直播中和直播后的顺序，对相关工作内容进行详细分析。

思维导图

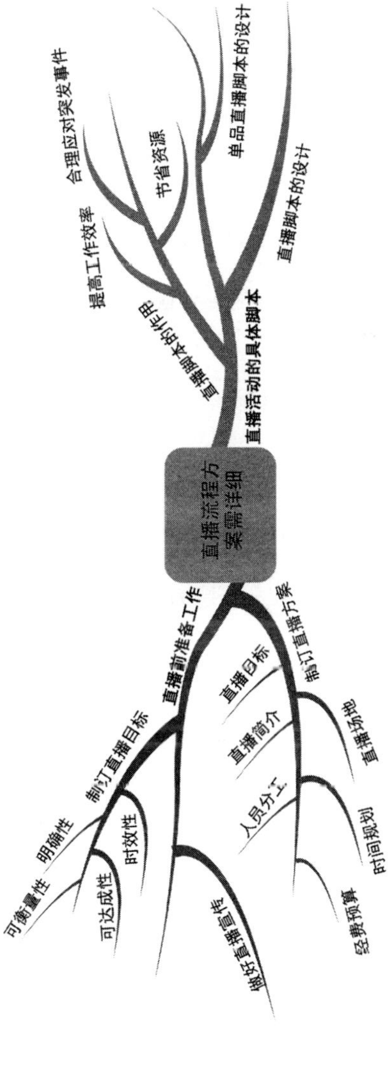
直播流程方案需详细
直播前准备工作
制订直播目标
明确性
可衡量性
可达成性
时效性
做好直播宣传
制订直播方案
直播目标
直播简介
人员分工
直播场地
时间规划
经费预算
直播活动的具体脚本
直播脚本的作用
提高工作效率
合理应对突发事件
节省资源
单品直播脚本的设计
直播脚本的设计

第一节　直播前准备工作

在进行直播活动之前，直播团队需要对整场直播活动的流程进行规划与设计。只有做好前期准备工作，才能够确保之后的直播活动万无一失。下面来分析农村电商直播团队到底需要做哪些准备工作。

一、制定直播目标

任何一场直播活动都具有一定的目的性。是直播带货也好，公益助农也好，都是为了售卖产品，获取利润。农村电商直播也不例外，是为了更好地将农副产品推出去、卖出去，获得利润，改善自身经济条件，推动乡村振兴。

具体到每场电商直播来讲，目标却各有差异。比如，是为了更好地卖出哪几款产品？或者是为了开播积攒人气？又或者是顾客回馈专场，给老顾客送福利？

直播目标应该具备以下四点。

1. 明确性

要用具体的语言清楚地表达目标，不能够泛泛而谈。

例如，“提高品牌影响力”就是一个笼统的目标；而“此次直播销售额要达到 50 万元”就是一个具体的目标。

2. 可衡量性

可衡量性是指将目标进行量化，以此评定最后是否达到了标准。

例如，此次直播销售额要达到 5 万元，直播观看人数突破 1000 人，下单率达到观看人数的一半。

3. 可达成性

可达成性是指目标不是高不可攀的，是能够通过努力实现的。如果第一天进入直播领域就将目标设定为一天增加100万名粉丝，这对绝大多数电商而言显然是不可完成的。因此制订目标的时候一定要考虑到自身的实际情况。

例如，我今天要涨粉100个，直播观看人数要比昨天多一成，复购率要涨起来。

4. 时效性

时效性是指目标达成需要在一定的时间范围之内，需要有非常明确的时间点。直播目标应该具有强烈的时效性。不能在今年定后年的目标，这样的目标制订出来是完全没有意义的。

例如，“在今晚直播中农副产品的销售数量突破1万件”，这就是一个具有时效性的目标。又如，“这个月的营业额要达到3万元，直播观看人数累计要达到10万人”等，也是具有时效性的目标。

二、制订直播方案

开展直播必须要有详细的方案。直播方案需要将抽象的思路转化为具体的表达，以文字的方式呈现出来，保证所有参与直播的工作人员都知道直播的具体流程、每个人的分工等，才能保证直播活动的顺利进行。

直播方案一般用于直播团队的内部交流，其特点是简明扼要、要点鲜明，主要包括以下六个方面。

1. 直播目标

明确直播的目标，也就是明确想从这场直播活动中获得什么。直播目标已在上一节详细讲述，此处不再介绍。

2. 直播简介

对直播整体思路进行简要的描述，对于这场直播的主题、形式等进行介绍。比如，这一场是“顾客回馈专场”“开播福利场”“公益助农场”“清仓特卖场”等。

3. 人员分工

合理安排运营团队中每个人员的分工，明确每个人员的职责，厘清谁负责哪些板块（如选品、摆品），了解近期直播反馈，解答顾客疑惑，又或者是做好直播中的一些统计，随机应变处理直播中的一些突发事故，等等。

4. 时间规划

直播过程中的时间规划在直播方案中需要详细说明。比如，每个商品需要讲多长时间，直播持续多久，等等。因为直播时长有限，产品种类繁多，这就需要在直播开始前做好时间规划，以免出现“直播快结束了而主推产品还没有过完”的情况。

5. 直播场地

确定直播的场地，并进行与直播相关的场景布置。这一部分在第二课有详细讲述，此处不再赘述。

6. 经费预算

用数量形式表示的特定单位在特定时间内资源获得或使用的计划，这就是预算。在制订直播方案时需要对经费进行合理的预算，如选品的成本、场地的搭建成本、相关赠品的价格、人力资源成本等，这些都要做好预算。

三、做好直播宣传

宣传对于直播而言是十分重要的。在进行直播前，为了达到良好的营销效果，需要根据直播的目标来选择直播宣传的平台、宣传的形式与宣传的频率，尽可能吸引更多的顾客进入直播间观看；并且要关注直播中“目标用户在线观看人数”。

例如，一场针对农副产品的直播，从营销的角度来看，如果直播目标是吸引农副产品经销商、集团采购用户，还有经常做饭的人群等进入直播间，那就应该更多地将广告宣传委托地方政府平台、大型企事业单位，也可以将广告投放到这部分顾客经常使用的平台，如抖音、快手等平台。如果直播团队做的宣传吸引的是不做饭的人群进入直播间观看，那么直播的目标群体占比小，宣传效果不佳，最后的销售额可能也不会达到预期。

第二节　直播活动的具体脚本

任何一场直播活动都需要撰写脚本，而且脚本的质量会直接关系到直播的成功与否。直播脚本不仅能够帮助直播团队充分做好直播前的准备工作（比如，直播人员的分配、直播场景搭建、相关的优惠活动设置等），提高直播工作的效率，还能让主播清楚了解整个直播的流程，知道自己在哪个环节应该做些什么、说些什么、怎么样对直播进行全方位的把控。

接下来介绍直播脚本的具体作用，以及如何撰写一份专业的直播脚本。

一、直播脚本的作用

一份完整的直播脚本不仅能够提高直播团队的工作效率，也能够让其合理应对直播中的突发事件，同时能够节省资源，避免人力、物力和财力的浪费。

1. 提高工作效率

在直播之前，精心的直播策划与脚本设计是十分必要的。直播团队需要对直播主题的设置、直播场景的布置、产品的优惠力度与库存数量、人员的分工配置、主播进行直播的相应流程等进行充分的规划，让每个直播工作人员都知道自己的职责所在，知道自己需要干什么，从而保证直播工作有条不紊地开展，提高直播的效率。

2. 合理应对突发事件

直播脚本能够让主播知道这场直播的具体内容及相应的流程，对整场直播有一个大体的把握。同时，也能够让主播清楚在直播的各个阶段所要完成的工作事项，能够及时处理直播中出现的突发情况（如网络故障等），提前制订合理的应急措施，让直播能够持续进行。

3. 节省资源

对于直播团队而言，制订合理的直播脚本可以控制直播消耗的产品和资金。对于每个农副产品的优惠幅度、折扣力度、红包金额，直播团队都应该提前估算，控制预算和成本，不随意更改直播优惠幅度和折扣力度。直播脚本能够通过提前对人员、场地等进行合理安排，进而对成本进行估算，避免人力、物力和财力的浪费，节省成本和资源。

二、直播脚本的设计

直播脚本非常重要，如何设计一份成功的直播脚本呢？

1. 直播主题与主播身份介绍

首先需要在直播刚开时介绍直播主题与主播身份，具体可以先让主播主动打招呼、与顾客聊天、表达感谢等，从而积攒人气，等待直播间更多的顾客加入。这不仅能够给主播增加顾客黏度，而且也是热场的好方法。直播不能一上来就推销产品，因为直播刚开播时，主播人气和氛围都还不足，需要主播用个人魅力与进直播间的顾客进行沟通，做好开播预热工作。

2. 直播时间预设

直播团队需要对整场直播时间及每个环节所需时间进行预设，首先需要厘清直播流程细节。直播流程细节是直播脚本中最重要的内容，包括直播中每个环节的具体内容与时间安排，如开场预热时间、每个产品的讲解时间、粉丝互动时间、福利发放时间、下场预告时间、结束时间等，都需要明确规划，从而尽可能地将直播时间预设好。

3. 直播团队工作人员分工

直播团队需要对直播团队工作人员进行工作再分配，明确每位工作人员的具体职责与负责的具体模块。例如，需要一些人负责选品、摆品，一些人负责递品，一些人负责把控时间、适时提醒主播，还需要有细心的人员对直播弹幕进行回答，提醒主播需要解答的问题等。

优秀的直播脚本需要考虑到直播的方方面面。表 4-1 为一份详细的直播脚本示例。

表 4-1　直播脚本案例

项目	概述
直播主题	农副产品特卖会
直播目标	卖出 10 万件产品
主播、副播	主播：× ×　副播：× ×
直播时间	2022 年 3 月 17 日

续表

直播流程			
时间点	流程	价格 / 元	人员安排
20：00—20：10	开场	/	主播暖场、副播回复问题
20：10—20：20	1 号产品	39.9	主播介绍产品、副播观看弹幕并回复
20：20—20：30	2 号产品	35.8	主播介绍产品、副播进行产品使用演示
20：30—20：35	中场休息	/	主播、副播发放优惠券、安排小游戏环节等
20：35—20：45	3 号产品	59.6	主播介绍产品、副播观看弹幕并回复
20：45—20：55	4 号产品	29.9，买二赠一	主播介绍产品、副播进行产品使用演示
20：55—21：00	结尾	/	对下一次的直播时间与产品进行预告

三、单品直播脚本的设计

单品直播脚本，也就是只针对某一种产品进行脚本设计。一般情况下，单品直播脚本设计要求尽量详细，要涉及这个产品的各个方面，能够让顾客更加直观地了解产品的性能、价格、优势等，从而产生强烈的购买欲。

如果时间充裕，在进行直播之前，直播团队应该对直播间的每个产品都做出一份相应的单品直播脚本，这会使直播团队对每个产品的了解更加清晰，产品定位更加准确，主播介绍时也会更加有针对性，有利于直播的顺利开展。

表 4-2 为大家展示了一份详细的扫地机器人单品直播脚本的设计示例。

表 4-2　单品直播脚本案例

项目	宣传点	具体内容
品牌介绍	品牌关注点	×× 品牌是国内的知名品牌，一直处于全国销量领先地位
产品卖点	价格实惠	直播间购买打折
	用途多样	能扫能拖
	设计感强	外形美观
直播优惠	“双十一”特惠	买二赠一 / 领取优惠券 / 直降 50 元
注意事项	1. 引导顾客进行点赞、分享 2. 引导用户加入粉丝团	

第五课

直播数据复盘及产品维护

直播结束后，农村电商直播从业者要对当天的相关数据进行整理，包括直播数据分析、产品订单数量、物流配送问题、产品评价、售后客服维护，及时结算当天的营销额，认真做好总结，为下一场直播工作做好准备。

思维导图

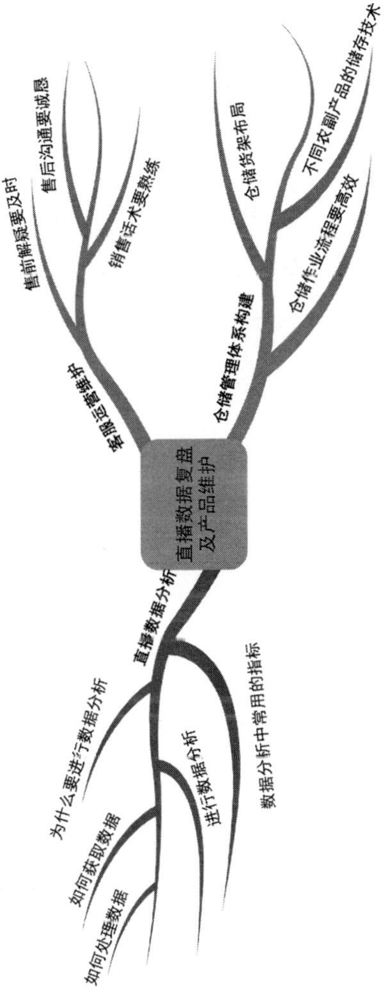
直播数据复盘及产品维护
客服运营维护
售前解疑要及时
售后沟通要诚恳
销售话术要熟练
仓储管理体系构建
仓储货架布局
不同农副产品的储存技术
仓储作业流程要高效
直播数据分析
为什么要进行数据分析
数据分析中常用的指标
进行数据分析
如何获取数据
如何处理数据

第一节 直播数据分析

当主播在平台上结束直播后，平台界面就能看到相关直播数据。例如，抖音直播结束后，主播可以在抖音的侧边栏，进入创作者服务中心，然后点击主播中心，在主播中心可以看到今日数据、前 7 天数据、前 30 天数据，点击进去可看详细数据信息，如直播粉丝团的粉丝数量、互动连麦粉丝数量、粉丝的关注与送的礼物数量、直播点赞量和直播变现情况。粉丝量越多、点赞量越多、流量越多，将产品卖出去的概率就越高。其他的直播平台如淘宝、快手、京东、拼多多等，也可以进行相关数据分析。

一、为什么要进行数据分析

数据分析是直播运营中不可缺少的一部分，可以总结直播工作的优劣，促进主播反思工作，使直播的效果更好，进一步提高销售数量。要想提高直播运营的效果，主播就要学会进行数据分析。

二、如何获取数据

要进行数据分析，首先需要清楚数据分析的目标。目标主要有以下三种。第一，寻找直播间数据不断变化的原因。第二，挖掘粉丝感兴趣的直播内容，制订提升直播效果的方案。第三，观察数据规律，推测平台算法，然后从算法出发对直播进行优化。

进行数据分析需要有足够多的有效数据，可以通过主播账号后台、平台提供的数据分析工具，以及第三方分析工具来获取信息。

（一）账号后台

在主播的账号后台，通常都会有直播数据的统计。以淘宝直播为例，主播可以通过直播中控台和直播软件两个渠道获取数据。

1. 通过直播中控台查看

对于正在进行的直播，主播可以点击直播中控台首页的“查看详细”按钮查看数据。对于已经结束的直播，想要查看数据，主播可以在直播中控台中依次选择“我的直播”“某条直播回放”“查看数据详情”选项，即可获取某场直播的数据。

2. 通过直播软件查看

对于正在进行的直播，主播可以通过向左滑动直播推送页面对数据进行查看。对于已经结束的直播，主播可以登录软件账号，在“我的直播”中找到想要查询的直播数据。

（二）平台提供的数据分析工具

以淘宝直播为例，淘宝直播提供了数据银行、生意参谋、达摩盘等数据分析工具，主播可以通过这些工具收集想要的数据。

（三）第三方数据分析工具

市场上有很多提供直播数据的第三方数据分析工具，如飞瓜数据、蝉妈妈等，可以收集数据，并对数据进行有针对性的分析。

三、如何处理数据

数据处理是对大量数据进行加工处理，从中筛选出有用信息的过程。数据处理一般包括两个环节，即数据修正和数据计算。

（一）数据修正

无论是从主播账号后台还是第三方数据分析工具获取的数据，再或者是人工统计的数据，都有可能会出错，所以主播首先需要对数据进行排查，发现错误的数据，然后进行修正。一般和平均值偏差较大的数据、偏离范围的数据、不符合直播当时主观感知的数据都有错误的可能。修正数据可以保证数据的准确性和有效性，从而保证数据分析结果的准确性。

（二）数据计算

在通过数据修正保证了数据的准确性之后，主播就可以根据分析数据的目的进行数据计算，以此获得更丰富的数据，激发更多的改进思路。数据计算包括数据求和、平均数计算、比例计算、趋势分析等，可以使用 Excel 的相关功能实现。

四、进行数据分析

完成数据的获取和处理之后，就要进行数据分析，数据分析最常用的方法就是对比分析法和特殊事件分析法。

（一）对比分析法

对比分析法，即将两个或者两个以上的数据进行对比，分析数据之间的差别和规律。对比分析法又包括同比法、环比法、定基比法。同比法，指跟以往同一时期相比，多为跟上一年同一时期相比。环比法，指现在的统计周期与上一个统计周期相比。定基比法，指报告期水平与固定的时期水平相比。通过对比分析法，可以查找出异常数据。异常数据并不是指错误数据，而是指偏离平均值较大的数据。通过对异常数据进行分析，可以找到营销策略或直播策略中的优缺点，有针对性地改进问题或者延续优势。

（二）特殊事件分析法

出现数据异常可能是由某个特殊操作导致的特殊事

件。比如，淘宝直播首页或者频道的改版、主播变更直播标签或时间等。因此，主播在记录日常数据的时候不能忽视这些特殊事件，以便更好地进行数据分析。

五、数据分析中常用的指标

直播的后续工作很大一部分需要数据分析来指引方向。以抖音平台为例，直播数据常用的指标包括粉丝画像数据指标、流量数据指标、互动数据指标、转化数据指标。

（一）粉丝画像数据指标

粉丝画像数据包括粉丝的性别分布、年龄分布、地域分布、活跃时间分布和粉丝来源等。

（二）流量数据指标

流量数据指标包括三个部分：人气数据、在线人数、粉丝团人数。人气数据是指累计观看直播的人数、人气峰值、本厂音浪、累计点赞、转粉率、送礼人数等。主播可以通过对比流量峰值与当时直播的内容，揣摩如何吸引观众，进而调整直播的内容或方式。为了提升流量，主播也需要创新直播方式、优化直播技巧来吸引更多的观众。例如，主播可以多上一些“引流”款产品、提升自己的感染力，亲和力、改善直播间的背景，给观众视觉上的冲击，提升观看感受舒适度。

（三）互动数据指标

互动数据指标主要指的是弹幕热词。弹幕热词包括弹幕总数、弹幕人数以及和观众的互动率。在直播中，评论中出现次数最多的词会显示在弹幕热词中。主播在直播时可以根据弹幕热词来调整自己的直播内容。

（四）转化数据指标

转化数据指标主要有三个：浏览互动数据、引导转化数据、直播带货数据。

浏览互动数据包括产品展示数据和产品点击数据。产品展示数据是指产品展示观众的次数，直播间的弹窗、观众点击产品、加入购物车、浏览产品都算产品展示。产品点击数据是指顾客实际点击产品进入产品详情页的次数。

引导转化数据，是指用户对产品橱窗的访问次数、产品详情页的访问次数、订单量以及转化率。例如，用户对某产品的访问次数是 10，订单量为 4，那就说明购买转化率为 40%。转化率越高说明产品对观众的吸引力就越大。

直播带货数据包括本次直播的销售额、销量、客单价、上架产品和用户人均价值。主播可以通过丰富产品的销售属性集合，比如，产品的规格、颜色、尺码等，在直播时多强调产品的优势等方式来提高产品的转化率。

第二节　客服运营维护

顾客是电商销售中最重要的部分。留住老顾客，发展新顾客，进行良好的顾客维护能够提高我们的核心竞争力。如何做好客服运营维护？以下将从售前解疑要及时、销售话术要熟练、售后沟通要诚恳三个方面进行介绍。

一、售前解疑要及时

销售前期是影响顾客购买产品的关键时期。在此期间，顾客会有各种各样的问题，这就需要客服及时进行解疑。优质的售前解疑服务会提升顾客的产品购买欲，反之则可能会导致订单丢失。售前解疑具体做法有以下三种：

（一）设置特色自动回复

现实情况中，一个客服不能够在同一个时间对多个问题或者多个顾客进行回复，那么就可以通过设置以下自动回复来实现。

1. 欢迎型

① 您好，很高兴为您服务！有什么可以帮助您的？

② 欢迎光临小店，客服花花为您服务，请问有什么可以效劳的？

2. 宣传型

① 欢迎光临，很高兴为您服务！本店春季新品上市，今日购买全场任意一件产品，即可参加超值换购活动。

② 很高兴为您服务，本店不定期上新，收藏小店还有礼物赠送哦！

3. 安抚型

① 欢迎光临小店，目前客服接待人数较多，稍后为您答疑解惑，还望谅解。

② 亲！现在分身乏术，快要忙不过来啦，请您海涵，稍等片刻。

（二）积极答疑解惑

1. 产品质量问题

客服可以从销售数据、品牌、口碑等方面去打消顾客的疑虑，也可以从七天无理由退货等方面去和顾客说明可以放心购买。

2. 性价比问题

性价比是指产品的性能与价格之比。性价比高，就是能以较低的价格买到合适的产品。客服可以从店铺的优惠券、实物对比、消费体验对比等方面为顾客讲解。

3. 是否合适问题

客服在与顾客的沟通过程中，要善于抓住顾客的真正需求，不能自说自话、强行推销。

（三）买家对物流的疑虑

1. 选择靠谱的物流公司

靠谱的物流公司可以为顾客提供更好的服务，也能够更快地运输产品，为顾客节省更多的时间成本和人力成本。国内的物流公司有：顺丰、EMS、中通、申通等，其网点覆盖面大，对物流过程管控较严格，对丢失率、破损率、准点率也有严格的把控，也能提供更多的服务，如次日达、免费送货上门等。

2. 熟知物流规则

客服应该了解和掌握一些物流规则，如物流价格、网点查询方法等。客服在实际的工作过程中，不可能同时记住所有与店铺合作的物流公司的电话或者计价表，可以在电脑附近放一张各物流公司的计价表。如果遇到选择其他物流公司的顾客，那么客服也能够第一时间准确回答问题。

二、销售话术要熟练

销售话术是销售人员与顾客沟通的语言技巧。优秀的销售话术不仅需要有洞悉人心的敏锐，也要有增加顾客购买欲的表达能力。建议每个直播团队在直播前，准备一些顾客有可能问到的问题以及答案。以下举几个例子：

案例一：绿色食品又是怎么回事儿？

话术表达：绿色食品是在无污染的生态环境中种植及全过程标准化生产或加工的农产品，是严格控制有毒有害物质含量，使之符合国家健康安全食品标准，并经专门机构认定，许可使用绿色食品标志的食品。

案例二：这个苹果为什么这么贵？

话术表达：陕西是苹果原产地，这个地方产出的苹果是全国出名的，而且这里无污染、气候又好、出产的水果又大又甜，保证您吃了还想买。本店现在正在搞活动，您可以在首页领取优惠券（或者其他优惠），而且只要收藏了店铺，还会赠送小礼物。

三、售后沟通要诚恳

售后服务比售前服务更重要，不仅需要诚恳的沟通态度，而且需要良好的沟通技巧。好的售后服务能够带来更多的回头客。以下是农副产品销售可能遇到的售后问题及相关应对方法。

（一）发货后顾客申请退款

① 亲，包裹已经发出了，麻烦您那边拒收，这边也通知物流公司拦截退回。您的订单已经申请了退款，这边收到包裹就会及时处理退款哈，给您带来麻烦，请多多谅解，感谢亲的惠顾。

② 亲，抱歉给您造成了困扰。您申请退款的订单已经发货了，暂无退回信息。如果退款临近超时了，我们会为您的订单申请收货延期，等包裹返回后会马上处理您的退款。如有疑问请联系在线客服，给您带来不便，敬请谅解。祝您生活愉快！

（二）拒绝退款申请

① 亲，您的订单申请了退货退款，因为是生鲜食品，购买时强调了不支持七天无理由退货，这是食品销售页面的截图哦。亲有任何的疑问可以联系在线客服，我们将竭诚为您解答。感谢亲对我们的厚爱。

② 亲，您好，如果您需要退货的话，麻烦您修改一下您的退款类型为退货退款哦，不是仅退款哦。这边先拒绝您的退款申请，麻烦您之后再提交一次。如有疑问请您及时联系在线客服。

③ 亲，因这边一直没有电话联系上您，这边先拒绝申请了。亲对产品的任何不满可以反馈给在线客服，在线客服将一一为您解答，谢谢亲的光顾。

④ 亲，不好意思，由于您的退款时间临近超时，这边先拒绝您的退款申请哦，麻烦您重新申请。包裹退回仓库后会尽快帮您处理退款的。有什么问题您及时联系在线客服哈。给您带来的不便之处敬请谅解，祝您生活愉快！

（三）运费险

① 运费险是您购买的退货运费保险，您收到包裹后有任何的问题都可以联系客服进行退换货，请在系统填写快递单号和订单号，保险公司会赔付快递费用。如有疑问可以随时联系在线客服。

② 运费险是您购买的退货运费保险，如果您需要退换货，您寄快递所付的运费将由保险公司在7个工作日内返款到您的账户哈（赔付金额按照地区的不同，赔付金额为8～15元）。运费险只适用于确认收货前申请退货，交易成功后失效哦！

（四）修改退款金额

亲，抱歉给您带来不好的体验，跟您协商的是其中一件产品退款，麻烦您修改一下退款金额哦，有任何问题请及时联系在线客服哈。

（五）开发票

亲，由于本店每天发货量比较大，如果您要开具发票，请提供开票信息进行登记，发票会在登记后的7个工作日内寄给您，谢谢您的理解与支持哦！

（六）退差价

亲，本店优惠活动特别多，有的是组合产品，有的是单品。但是不做活动的时候，产品也在售卖，难免会赶上这样的情况哦，真的不好意思。不过还是相当感谢您的支持呐，差价是支持退款的。

第三节 仓储管理体系构建

电子商务的发展离不开物流行业，需要相应的物流体系来进行支撑，因此仓储管理体系的构建就非常重要。首先，仓储管理能够对仓库进行精确定位管理，充分利用有限的空间。其次，仓储管理能够实时掌控库存情况，合理保持和控制电商库存。最后，仓储管理能够提高工作效率，提升整个发货、送货、退货等一系列物流链条的速度。

一、仓储货架布局

仓储货架的合理布局有利于提升仓储的安全性、完整性，能够降低仓库作业人员的工作量，减少重复劳动。与此同时，仓储货架的合理布局还有利于各种通道的畅通，确保仓库作业人员的通行安全。如何做到布局合理呢？要注意以下三个准则。

（一）低本钱高效益准则

根据货物的种类、数量、重量等，挑选对应的货架，结合周转箱的尺度进行货架的规划。同时，要考虑到货架的成本及经济效益，合理地安排货架的方位，提高周转率。

（二）实用性准则

货架应该要满足不同货品尺寸的要求，充分利用周转箱灵活性强的优势，快速入库。同时可以将生产日期晚的产品放在里面，生产日期早的放在外面。

（三）安全可靠性准则

货架的摆放一定要安全可靠，对于货架承重、堆放层数要严格考量，避免安全事故的发生。

二、不同农副产品的储存技术

农副产品的种类很多，以下是四种储存技术。

（一）常规储存

粮食之类的农副产品，不需要制冷、制热等设施，可以直接储存。

（二）窑洞储存

窑洞内二氧化碳浓度高，可以有效抑制细菌的繁殖，并且窑洞内温度恒定。窑洞储存是古老且有效的储存方式，不耗电，适宜储存大白菜、土豆等农副产品。

（三）冷库储存（见图 5-1）

冷库的储存效果极好，极其适合储存肉类产品。但是冷库储存的成本高，前期需要投资建造冷库，并且冷库的耗电量巨大。冷库的建造应该是在达到一定生产规模之后需要考虑的事项。

图 5-1　冷库储存展示

（四）密封储存

在发展农村电商的产业链中，越来越流行密封储存这种方式。水果、蔬菜含有大量水分，而密封储存可以有效锁住水分，所以密封储存应逐渐推广开来。

三、仓储作业流程要高效

仓储作业过程可归纳为订单处理作业、采购作业、入库作业、盘点作业、拣货作业、出库作业和配送作业七个环节。

（一）订单处理作业

对于农村电商而言，给顾客发货首先就是要对订单中的各种信息进行识别和校对，汇总好订单数目、类别，对仓库中的产品剩余情况、调配情况进行反馈。最终完成对产品的订单需要处理。

（二）采购作业

这里主要需要考虑仓库的存货和订单的需求货量之间平衡关系的处理，不仅要考虑供求关系，还要考虑订货的价格、发货的时间。

（三）入库作业

库房管理员应当起到承上启下的作用，一方面对接直播中出现的所有顾客的订单，另一方面应该掌握仓库中产品的数量，及时与生产基地保持联系，准确记录每天的入库量。

（四）盘点作业

仓储盘点是定期对在库货品的实际数量与账面数量进行核查。通过盘点，能掌握在库货品的真实数量，为财务核算、存货控制提供依据。图 5-2 为盘点作业案例展示。

图 5-2　盘点作业案例展示

（五）拣货作业

拣货员应根据顾客的订单，将订单所对应的产品进行种类和数量的分类。根据产品的放置位置，逐一按照路线进行挑选。可以安排拣货员只负责挑拣某种货物，这样可以提高拣货的效率。

（六）出货作业

出货作业是电商销售完成的倒数第二个阶段，在这个阶段要做好出货单据的核对，制订好出货计划，并且提前做好关于税务方面（如发票）准备，最终决定装车的顺序。

（七）配送作业

农村地区路况复杂，所以一定要做好送货路线规划，雇用熟悉当地路况的司机，与各个物流公司保持联系，并且为顾客及时更新产品的物流信息。

参考文献

财政部办公厅，商务部办公厅，2019. 关于推动农商互联完善农产品供应链的通知：财办建〔2019〕69 号 [A/OL]. (2019-05-05)[2022-08-27]. http://www.gov.cn/zhengce/zhengceku/2019-10/18/content_5441440.htm.

财政部办公厅，商务部办公厅，国家乡村振兴局综合司，2021. 关于开展 2021 年电子商务进农村综合示范工作的通知：财办建〔2021〕38 号 [A/OL]. (2021-05-11)[2022-08-26]. http://www.gov.cn/zhengce/zhengceku/2021-05/19/content_5608643.htm.

重庆市商务委员会，2020. 关于印发重庆市加快发展直播带货行动计划的通知 [A/OL]. (2020-05-08)[2022-

08-26]. http：//sww.cq.gov.cn/zwgk_247/zfxxgkml/tzgg/202005/t20200511_7372807.html.

广州市商务局，2020. 关于印发广州市直播电商发展行动方案（2020—2022 年）的通知 [A/OL]. (2020-03-23) [2022-08-26]. https：//www.gz.gov.cn/ztwzq/jjl/gzs11nzdcycjzc/smy/content/post_6545768.html.

国家广播电视总局，2020. 关于加强网络秀场直播和电商直播管理的通知：广电发〔2020〕78 号 [A/OL]. (2020-11-12)[2022-08-27]. http：//www.gov.cn/zhengce/zhengceku/2020-11/23/content_5563592.htm.

国家互联网信息办公室，公安部，商务部，等，2021. 网络直播营销管理办法（试行）[A/OL]. (2021-04-23)[2022-08-27]. http：//www.cac.gov.cn/2021-04/22/c_1620670982794847.htm.

国家互联网信息办公室，国家税务总局，国家市场监督管理总局，2022. 印发《关于进一步规范网络直播营利行为促进行业健康发展的意见》的通知：税总所得发〔2022〕25 号 [A/OL]. (2022-03-25)[2022-08-27].

http：//www.gov.cn/zhengce/zhengceku/2022-03/31/content_5682636.htm.

李克强，2022. 政府工作报告 [A/OL]. (2022-03-05)[2022-08-27]. https：//baijiahao.baidu.com/s?id=1727097832486941265&wfr=spider&for=pc.

农业农村部，2020. 关于印发《全国乡村产业发展规划（2020—2025 年）》的通知：农产发〔2020〕4 号 [A/OL]. (2020-07-09)[2022-08-26]. http：//www.gov.cn/zhengce/zhengceku/2020-07/17/content_5527720.htm.

商务部，公安部，交通运输部，等，2020. 关于进一步落实城乡高效配送专项行动有关工作的通知：商流通函〔2019〕60 号 [A/OL]. (2020-02-01)[2022-08-27]. http：//www.mofcom.gov.cn/article/zcfb/zcgfxwj/202108/ 20210803186841.shtml.

商务部，教育部，交通运输部，等，2019. 关于印发《多渠道拓宽贫困地区农产品营销渠道实施方案》的通知 [A/OL]. (2019-01-23)[2022-08-27]. http：//www.mofcom.gov.cn/article/zcfb/zcgfxwj/202108/20210803185974.shtml.

商务部办公厅，财政部办公厅，2020. 关于设立农村电商公开课的通知 [A/OL]. (2020-06-24)[2022-08-26]. http：//www.mofcom.gov.cn/article/h/redht/202006/20200602978421.shtml.

商务部办公厅，发展改革委办公厅，中华全国供销合作总社办公厅，2021. 关于进一步推动农商互联助力乡村振兴的通知 [A/OL]. (2021-09-28)[2022-08-26]. http：//www.mofcom.gov.cn/article/zwgk/zcfb/202109/20210903204228.shtml.

上海市人民政府办公厅，2020. 上海市促进在线新经济发展行动方案（2020—2022 年）：沪府办发〔2020〕1 号 [A/OL]. (2020-04-08)[2022-08-26]. https：//www.shanghai.gov.cn/nw48503/20200825/0001-48503_64687.html.

四川省商务厅，2020. 关于印发品质川货直播电商网络流量新高地行动计划（2020—2022 年）的通知 [A/OL]. (2020-03-30)[2022-08-26]. http：//www.tjxzf.gov.cn/public/6599991/12622161.html.

网信办，全国“扫黄打非”工作小组办公室，工业和信息化部，等，2021. 关于印发《关于加强网络直播规范管理工作的指导意见》的通知：国信办发文〔2021〕3号[A/OL]. (2021-02-09)[2022-08-27]. http://www.gov.cn/zhengce/zhengceku/2021-02/10/content_5586472.htm.

中共中央，国务院，2004. 关于进一步加强农村工作提高农业综合生产能力若干政策的意见 [A/OL]. (2004-12-31)[2022-08-26]. http://www.gov.cn/test/2006-02/22/content_207406.htm.

中共中央，国务院，2018. 印发《乡村振兴战略规划（2018—2022年）》[A/OL]. (2018-09-26)[2022-08-26]. http://www.gov.cn/zhengce/2018-09/26/content_5325534.htm.

中共中央，国务院，2019. 关于坚持农业农村优先发展做好“三农”工作的若干意见 [A/OL]. (2019-01-03)[2022-08-26]. http://www.gov.cn/zhengce/2019-02/19/content_5366917.htm.

中央网信办，国家发展改革委，国务院扶贫办，等，2020. 2020 年网络扶贫工作要点印发实施 [A/OL]. (2020-03-18)[2022-08-26]. http：//www.cac.gov.cn/2020-03/18/c_1586073208099659.htm.

后　　记

凉山彝族自治州（简称凉山州），是中国最大的彝族聚居区，位于四川省西南部川滇交界处，西昌市是通往东南亚的“南方丝绸之路”的重镇。“全国脱贫看四川，四川脱贫看凉山”，每年暑假，我们都会带队赴凉山州社会实践，看这里的云雾缭绕、大山延绵，千沟万壑，山高水险，也看这里的脱贫攻坚成果和乡村振兴发展。

多年前，我们就想为凉山州农副产品走出大山做一点儿事情。奈何物流不畅，农副产品只能以低廉的价格在当地出售。冬桃、云木香、花椒、乌金猪等优质产品，外界根本无人识。直到电商蓬勃发展，互联网打破了产品销售的地域限制，农村电商为乡村振兴提供了一条“快车道”。

2022 年 6 月，我们再次来到凉山州三河村，在海拔 2500 米的山梁上，看着这片“一步跨千年，共奔富裕路”的土地。本书已经完稿，我们希望农村电商能够伴着乡村振兴的机遇，带领三河村以致更广阔的农村地区，沿着奋斗的道路继续创造更加灿烂的美好明天。

我们希望本书的出版，能够给农村电商的发展带来一些微薄的助力，但是我们又很清楚，对于广大农村地区，理论性的书籍很难走到农村群众的案桌上。所以，我们期待，在不久的将来，编写更加系统的农村电商直播培训教材以及拍摄配套的相关视频资料。

感谢西南石油大学校领导和西南石油大学马克思主义学院领导对本书的关注与支持。感谢西南石油大学乡村振兴办公室张昌元、杜鹏对本书提供的帮助。感谢李凯、胡仲成、张旭东等奋战在乡村振兴一线的帮扶干部。感谢西南石油大学刘炀渟等同学在编写中的努力。感谢北京大学经济学院何林锴同学对本书的结构给出的中肯建议和针对农民朋友的阅读习惯进行的修订。特别感谢北京大学出版社的各位领导和编辑老师的大力支持，没有你们，就没有这本实用教材的问世。

脱贫摘帽不是终点，而是新生活、新奋斗的起点。更好的日子还在后头。我们始终相信：赋能乡村振兴，电商大有可为。

林莉

2022 年 6 月于凉山州三河村